FRÉDÉRIC MASSON

De l'Académie française.

Août 1914 — Août 1915.

PARIS

Librairie Paul Ollendorff

50, CHAUSSÉE D'ANTIN, 50

1916

Tous droits réservés.

A l'Arrière

Août 1914 — Août 1915.

ŒUVRES DE M. FRÉDÉRIC MASSON

de l'Académie française.

Le Cardinal de Bernis depuis son ministère (1758-1794)	1 vol. in-8°.
Le Département des Affaires étrangères pendant la Révolution (1787-1804)	1 vol. in-8°.
L'Académie française (1629-1793)	1 vol. in-8°.

ÉTUDES NAPOLÉONIENNES

I. Manuscrits inédits de Napoléon (1786-1791)	1 vol. in-8°.
Napoléon dans sa jeunesse (1769-1793)	1 vol. in-8°.
II. Napoléon et les Femmes	1 vol. in-8°.
Joséphine de Beauharnais (1763-1796)	1 vol. in-8°.
Joséphine Impératrice et Reine (1804-1809)	1 vol. in-8°.
Joséphine répudiée (1809-1814)	1 vol. in-8°.
L'Impératrice Marie-Louise (1809-1815)	1 vol. in-8°.

La série sera complète en six volumes.

III. Napoléon et sa Famille	10 vol. in-8°.

L'ouvrage complet formera douze volumes.

IV. Napoléon et son Fils	1 vol. in-8°.
V. Napoléon chez lui. — La journée de l'Empereur aux Tuileries	1 vol. in-8°.
VI. Cavaliers de Napoléon	1 vol. in-8°.
Le Sacre et le Couronnement de Napoléon	1 vol. in-8°.
VII. Napoléon à Sainte-Hélène (1815-1821)	1 vol. in-8°.

CHAQUE VOLUME : 7 FR. 50

Napoléon et les Femmes, édition illustrée par Calbet.	1 vol. in-18.
La Révolte de Toulon en prairial an III	1 vol. in-18.
Diplomates de la Révolution	1 vol. in-8°.
Jadis (1re et 2e séries)	2 vol. in-18.
Le Marquis de Grignan, petit-fils de Mme de Sévigné	1 vol. in-18.
L'Affaire Maubreuil (Mars Avril 1814)	1 vol. in-18.
Jadis et Aujourd'hui (1re et 2e séries)	2 vol. in-18.
Autour de Sainte-Hélène (1re, 2e et 3e séries)	3 vol. in-18.
Sur Napoléon (Conférences)	1 vol in-18.
Petites histoires (1re et 2e séries)	2 vol. in-18.
Au jour le jour	1 vol. in-18.
Pour l'Empereur (1796-1821)	1 vol. in-18.

CHAQUE VOLUME : 3 FR. 50

Mémoires et Lettres du Cardinal de Bernis (1715-1758)	2 vol. in-8°.
Journal inédit du marquis de Toroy (1709-1711)	1 vol. in-8°.
Mémoires du Comte Hippolyte d'Espinchal	2 vol. in-8°.

CHAQUE VOLUME : 7 FR. 50

Souvenirs de Maurice Duvicquet	1 vol. in-18.
Journal de ma déportation, par Laffon-Ladebat	1 vol. in-18.

FRÉDÉRIC MASSON

De l'Académie française.

A l'Arrière

Août 1914 — Août 1915.

PARIS

SOCIÉTÉ D'ÉDITIONS LITTÉRAIRES ET ARTISTIQUES

Librairie Paul Ollendorf

50, CHAUSSÉE D'ANTIN, 50

1916

OEUVRES DE GUERRE

1914-1916

AU LECTEUR

J'ai recueilli ici les articles que j'ai publiés, du 2 août 1914 au 29 juillet 1915, dans *l'Echo de Paris*, *le Gaulois* et *Excelsior* pour exposer les projets d'assistance qui me paraissaient les plus urgents et qui m'étaient le plus chers. Grâce à la publicité qu'ils ont ainsi reçue, la plupart de ces projets ont été réalisés ; des œuvres ont été fondées ; les unes, éphémères, n'ont point survécu aux circonstances qui en avaient déterminé la création ; d'autres, destinées à durer, rendront, j'espère, pendant le temps qu'il faudra, les services qu'en attendent les femmes et les enfants.

Ces articles n'ont visé que ce but, n'ont cherché que cet objet : si le but est atteint, si l'objet est trouvé, pourquoi les réunir et quelle vanité m'y pousse ? En vérité, aucune : reprenant la

route parcourue, en revoyant les étapes, j'ai
voulu marquer un des aspects de la bienfaisance
parisienne durant la guerre ; rendre hommage
à ceux qui m'ont aidé, fournir à celles que nous
avons assistées et que nous encourageons, un
compte de notre action : ce ne sont point ici des
articles, encore moins de la littérature. Sous le
coup d'événements tels que l'histoire n'en présente point depuis les grandes invasions qu'ar-
rêta, voici mille ans passés, le génie français,
comment rester impassible ; si l'âge interdisait
le geste oiseux d'un engagement militaire qui
ne pouvait être que platonique, il était des
branches d'activité civile où un honnête homme
pouvait être utile ; et si un registre avait été ouvert,
à telles fins qu'on s'y inscrivît pour des missions
ou des emplois civils, quels qu'ils fussent, à
remplir volontairement et gratuitement pour la
durée de la guerre, on eût recueilli le concours
de capacités qui n'ont pu que se tenir à l'écart,
car il n'est point du goût de tout le monde de
solliciter. Je me tournai donc pour servir mon
pays du seul côté qui me fût ouvert ; j'avais
depuis quarante-cinq ans beaucoup écrit dans
des journaux pour défendre les doctrines politiques auxquelles je demeure fermement attaché,
mais qu'il faut aujourd'hui laisser à la nécessité

sociale le soin de faire triompher. Sans en rien abandonner, je m'abstiens d'en parler. Sur tout ce qui est de la défense nationale, j'aurais eu assez à dire, si le bon plaisir d'une douzaine de censeurs n'avait rendu singulièrement difficile l'expression d'une pensée qui, étant patriotique, ne se rendait que malaisément louangeuse pour les parlementaires. Je ne désarmai point; j'ai combattu de toute mon énergie les idées et les hommes que je jugeais néfastes, dans le passé, dans le présent et dans l'avenir; je l'ai fait sans ménagement et cela m'a valu et me vaut encore beaucoup d'injures.

Tant mieux : c'est que j'ai touché.

Je ne dis pas que je ne recueillerai point quelque jour, en un autre volume, les articles qui ont eu l'heur de déplaire si fort à cette faction antipatriote laquelle, chose étrange ! se recrute d'hommes généralement jeunes, aux noms douteusement français. Ils ne manquent point de dire que leur amour pour la philosophie, la littérature, la culture, la musique allemandes ne saurait diminuer en quoi que ce soit leur passion — d'ailleurs platonique — pour la victoire, mais ils ouvrent sournoisement la porte à quantité d'intrigants neutres ou prétendus tels qui se glissent et se faufilent. Je n'ai eu garde de les nommer, mais ils se sont reconnus et aux injures dont ils m'honorent, je juge combien j'ai raison.

Cela ne fut qu'un épisode : d'autres que moi ont mieux fait, car leur compétence leur a fourni des armes que je n'avais point. Ils n'ont guère été moins insultés que moi et c'est encore pour me plaire d'avoir été l'objet des mêmes injures. Quand on sait d'où elles partent, c'est plaisant.

Et ce n'est rien.

Ce qui vaut en ce temps, c'est le bien qu'on a pu réaliser ; ce sont les œuvres qu'on a fondées pour le soulagement des humbles. Et c'est pourquoi je réimprime ces articles.

Je n'ai aucune vanité à concevoir de ce que tirant des sons d'un instrument que tout Paris, toute la France entendait, j'ai provoqué des bonnes volontés, ému des cœurs et récolté de l'argent. Cet argent j'en dois compte, et je tiens à consigner ici, en même temps que leur origine et leur développement, les recettes, les dépenses et l'état présent des œuvres : *Pour les femmes, Assistance mutuelle des veuves de la guerre, Assistance aux Dépôts d'Éclopés.* Il se trouvera encore ici quelque écho d'une autre œuvre, l'*Hôpital de l'Institut,* mais, si j'en fus nommé administrateur par l'Association des Dames et si je le demeure depuis vingt mois, c'est à mes confrères qui l'alimentent par leurs subventions et par leurs souscriptions que j'en devais compte et c'est ce qu'eut pour objet le *Rapport sur le fonctionnement de l'Hôpital entretenu par l'Institut de France à l'Hôtel Thiers, période du 7 août 1914 au 1er décembre 1915*, qui fut approuvé à la commission administrative centrale et présenté à l'assemblée trimestrielle de l'Institut.

Ici, l'argent était tout trouvé, le succès était singulièrement facilité par le concours de mon confrère Bernier, l'admirable activité des infirmières et de nos collaborateurs de tous les degrés, par l'éminente autorité du professeur Broca. Tant vaut le chirurgien, tant vaut l'hôpital ; la garniture, même excellente, ne suffit pas à faire un plat mangeable.

Ailleurs aussi j'ai rencontré des collaborations auxquelles je ne saurais assez rendre justice. Je dois dire pour être tout à fait véridique que pour l'*Assistance aux Dépôts d'Eclopés*, l'idée ne vint pas de moi : on me demanda de présider un comité déjà presque constitué dont je connaissais tous les membres. Il a été rendu compte dans une brochure spéciale de l'activité de ce comité qui, à la date du 15 avril 1916, avait reçu, en argent, 84.539 fr. 15, en marchandises une valeur au moins égale ; qui avait dépensé 78.092 fr. 40 et distribué presque toutes les matières en magasin, confectionnées ou brutes. On trouvera ici, dans certains articles, quelles raisons nous avaient déterminés à agir ; à l'hiver de 1916, les chefs des divers dépôts nous avertirent qu'ils étaient fournis de tout par l'Intendance et qu'ils n'attendaient plus que des douceurs. Nous nous tournâmes alors vers Salonique où le colonel Thomassin qui périt si malheureusement dans le torpillage du *Provence II* réclamait des sous-vêtements pour ses régiments et nous eûmes la joie de le satisfaire. Quand on nous annonça que, à Salonique, les troupes françaises étaient pourvues, nous adressâmes nos envois aux troupes serbes qui, si elles avaient reçu des vêtements, manquaient de sous-vêtements. Les envois furent adressés directement au Prince Alexandre qui désirait les distribuer personnellement : un premier envoi de 1.400 sous-vêtements est parti ; un second, un peu plus considérable, est en confection ou en partance. Et il en sera ainsi jusqu'au total épuisement de fonds en caisse : on n'en est pas loin.

Dès les premiers jours de la guerre on dut constater que les plus éprouvées parmi les femmes ne seraient point celles dont les maris étaient mobilisés, car elles toucheraient une allocation, trouveraient du travail si elles en cherchaient et ne manqueraient point de secours en nature et en argent, mais celles qui, célibataires, appartenant à une autre catégorie sociale plus relevée, vivaient au jour le jour, soit en donnant des leçons, soit en professant ou en exerçant des arts d'agrément. Les portes s'étaient fermées, les élèves étaient parties ; on ne chantait plus, on ne peignait plus et on n'avait garde de jouer du piano ou de la harpe. De terribles misères se préparaient, les misères honteuses, les misères en robe de soie égales en détresse aux misères en habit noir. Mais la guerre ouvrait aux habits noirs des perspectives que ne pouvaient envisager les robes de soie : de tous côtés, il se formait des comités professionnels qui devaient venir en aide aux littérateurs, aux peintres, aux acteurs, etc., etc. Nul ne se souciait des institutrices et des professeurs. J'en avais vu quelques-unes : je ne pus me tenir d'en parler dans l'*Écho de Paris* et lorsque Paris se fût vidé par suite d'une panique plus justifiée peut-être que nous ne l'avions cru — car l'atrocité des desseins que les Allemands avaient formés sur Paris eût égalé, sinon surpassé, celle de leurs actes contre le *Lusitania* ou le *Sussex* — quand Paris se fût vidé, il ne restait plus à ces malheureuses filles, pour ne pas mourir de faim, que la prostitution. J'ouvris une souscription qui presque tout de suite me mit en mains 25.000 francs. Avec cela nous fîmes beaucoup de bien. Si nous avions pu insister, continuer à publier des listes de souscription, nous aurions certainement largement dépassé 150.000 francs; mais c'eût été trop demander au public qui se portait en masse au secours des Mutilés que lui recommandait, avec une persuasive éloquence, Maurice Barrès.

Les 47.000 francs que nous avons reçus ont été dépensés; un compte a été fourni au mois de mai 1915 qui pouvait passe pour définitif. Créée pour les victimes de la crise, cette œuvre ne pouvait survivre à une crise à présent atténuée.

Mais elle engendra une autre œuvre qui, celle-ci, doit avoir une durée de cinquante ans environ et qui, telle qu'elle a été conçue et organisée, fournira sa carrière. Durant que nous nous employions pour les femmes, un ami, M. David Weill, m'adressa un chèque de 1.000 francs qu'il destinait, me dit-il, à des veuves d'officiers. J'en demande pardon à celles au service desquelles

je suis à présent engagé, mais, aux premiers
jours, je ne compris pas : il me semblait impossible que les veuves des officiers morts pour la
France eussent besoin des secours de particuliers. N'était-ce point pour l'État un privilège en
même temps qu'un devoir, de pourvoir à la
subsistance de ces femmes et de ces enfants?
D'ailleurs comment les connaîtrions-nous, comment nous connaîtraient-elles et qui les condui-
rait vers nous?

Ce fut le maire d'un arrondissement de Paris
qui m'amena la première — la veuve d'un officier de réserve — histoire banale, navrante et
combien de fois répétée! Après avoir rengagé
et fait deux congés, lui, avait passé des examens
d'entrée dans une administration de l'État et il
avait obtenu une place dont les appointements,
joints à sa retraite, lui constituaient une sorte
d'aisance; il avait alors épousé une ouvrière
habile, intelligente et gentille qui durant quelque
temps avait continué à travailler. Des enfants
survenant, en même temps que les émoluments
augmentaient, elle s'était renfermée dans les
soins du ménage. On était heureux; on envisageait l'avenir avec confiance. En août, la guerre;
le mari parti des premiers. Il est brave, il connaît le métier; s'il n'est pas tué dès Charleroi,

il avance. Il est lieutenant, capitaine. Alors il tombe.

Sans doute, il y aura une pension, et par la suite on trouvera à se débrouiller, mais, dans les premiers jours, on ne savait à qui s'adresser, et les besoins étaient urgents. La délégation de solde d'un sous-lieutenant ne suffisait pas pour acheter les vêtements de deuil et en combien de cas n'avait-on pas été contraint de s'endetter ? A coup sûr ces veuves-là sont les moins malheureuses : elles ont un métier et cela est l'essentiel. Malgré Rousseau, les jeunes gens et les jeunes filles d'un certain milieu social n'apprennent jamais un métier. Les jeunes filles se désintéressent de plus en plus du travail à l'aiguille pour se livrer à de prétendus arts d'agrément dont les produits passent en hideur tout ce que l'on peut rêver. Rien de ce qu'on leur enseigne mal, et qu'elles assimilent plus mal encore ne peut leur servir à quoi que ce soit.

Les veuves d'officiers de carrière sortis des Écoles militaires pouvaient pour un secours immédiat faire appel aux Associations d'anciens élèves : la Saint-Cyrienne, la Saint-Maixentaise, la Polytechnique ; ce n'était pas une faveur qu'elles sollicitaient, c'était un droit qu'elles exerçaient. A la Saint-Cyrienne elles trouvaient toutes portes ouvertes ; l'accueil qui leur était fait était plein de cordialité et de générosité efficace ; à la Saint-Maixentaise, un concours de circonstances tragiques avait fauché tous les dirigeants et l'on ne pouvait songer en un tel moment à renouveler le bureau ni à ouvrir une caisse qui eût été bientôt vide. Quant à la plus riche et la plus aristocratique de ces Associations, elle avait proclamé le *Moratorium* et, durant les premiers mois on se plaignit fort qu'elle ne donnât rien. Depuis lors, elle a changé sa méthode : elle donne très largement et comme elle a raison !

Les vieilles gens eussent été disposés à penser que, tout de même, les veuves des officiers de carrière possédaient quelque bien, sur quoi elles pourraient vivre en attendant la pension. Mais ils retardaient de quatorze ans. Ils ne se souvenaient point que le général André, le plus néfaste entre les ministres qui, à force de surenchères démagogiques, ont désarmé le pays, a aboli, pour les mariages d'officiers, la dot réglementaire. Depuis le 1ᵉʳ octobre 1900, nombre d'officiers ont épousé des jeunes filles ou des femmes qui n'avaient aucune fortune et qui leur apportaient en dot des charges de famille, parfois écrasantes pour un mince budget de lieutenant ou de capitaine.

A la vérité, en temps de paix, certaines de ces femmes exerçaient des professions ou même des métiers dans les villes de l'Est et du Nord où leurs maris tenaient garnison. C'était là pour aider le ménage, ce n'était pas pour accroître le prestige du grade. La guerre survenant et l'invasion, les riches comme les pauvres avaient dû fuir, abandonnant argent, mobilier, garde-robe, et mettre à l'abri leurs enfants et elles-mêmes. Combien avaient-elles eu raison, car les nouvelles qu'on put récemment obtenir de certaines femmes restées dans la région envahie ne laissent aucun doute ; les souffrances qu'elles éprouvent et la pénurie à laquelle elles sont soumises dépassent tout ce qu'on peut imaginer.

Outre les femmes d'officiers de réserve, les femmes d'officiers de carrière ne tardèrent pas à s'adresser à nous. Nous ne pouvions guère pour elles, sauf suppléer, plus tard doubler, ce qu'en langage administratif on appela le *Secours immédiat*. Chez nous ce secours ne fut jamais donné de la main à la main ; il fut toujours envoyé par poste au domicile indiqué. Autant que possible, une enquête des plus discrètes mettait au fait des besoins. D'ailleurs, la plupart de nos veuves se trouvaient introduites ou recommandées par quelqu'un qui en répondait.

Cela rendit assurément des services, parce que nous nous étions arrêtés à fournir une allocation d'un montant assez élevé pour qu'elle assurât la vie durant quelques semaines; mais ensuite? Nous ne pouvions espérer que, sans un appel au public, nous récoltions assez d'argent pour continuer longtemps une telle distribution et, d'autre part, comment ouvrir une souscription au moment où des œuvres qui s'étaient fondées bien après la nôtre, couvraient les murs d'affiches, obtenaient pour leurs appels, leurs réclames et les listes de leurs souscripteurs, les colonnes de grands journaux et ne ménageaient aucun effort pour abolir les concurrences — puisque nous étions des concurrences — jusqu'à employer le mensonge et à répandre des calomnies dont je dus exiger satisfaction. Certaines en étaient arrivées à la publicité payée ce qui donne une idée des formes d'administration qu'on avait adoptées et que révéla un scandale étouffé après que tout Paris l'eût connu.

En vérité avait-on tant d'argent qu'on éprouvât le besoin de le gaspiller en frais d'affichage, tels que dans un seul village de Seine-et-Oise, on put compter sur les murs vingt-deux affiches recommandant deux œuvres adverses, affiches illustrées, dont il serait intéressant de connaître le coût, car si elles ne rapportèrent rien aux orphelins, elles ne furent point sans intérêt pour tout le monde.

Pour moi, j'avais reçu de l'argent pour des veuves, je le donnais aux veuves et n'en détournais rien, même pour les frais généraux; mais, malgré notre économie, malgré la générosité de certains amis, les fonds s'épuisaient. Nous étions déjà d'un médiocre secours pour les veuves et les orphelins, mais il fallait prévoir le jour où, la caisse étant vide, nous n'aurions même plus un morceau de pain à donner.

Oui, si nous continuions comme nous avions commencé en dispersant notre effort sur la France entière. Non, si nous nous restreignions à une région, à un nombre de femmes qui ne fût pas dépassé, à des allocations de maladie et de chômage, qui ne peuvent être attribuées qu'à des femmes participant à une association, payant une cotisation et admises après certaines formalités. Alors nous pourrions durer : alors nous pourrions vivre, recruter des membres honoraires et des membres bienfaiteurs, acquérir une existence légale, recevoir même des subventions. C'est ainsi que nous décidâmes la fondation d'une Société de Secours mutuels constituée d'après les statuts types, ne comprenant comme participantes que des veuves de la guerre, excluant par suite l'idée des pensions et les accessoires. Cette Société, dispersée dans les vingt arrondissements et dans la banlieue, eût pu difficilement assurer le service médical et le service pharmaceutique. Il fallait y introduire comme règle le régime qu'ont adopté par exception la plupart des Sociétés de Secours mutuels qui fournissent une allocation forfaitaire aux sociétaires momentanément éloignés du siège social. Si, par quelque moyen, nous parvenions ensuite à améliorer ce service, tant mieux. La veuve participante entre dans la société moyennant un droit de 2 francs. Elle paye une cotisation de 18 francs par an qui lui donne droit à une indemnité de 2 fr. 50 par jour de maladie, durant soixante jours par année. Les enfants, filles et garçons, de 2 à 16 ans, peuvent être agrégés moyennant une cotisation de 6 francs par année moyennant laquelle leurs mères touchent 75 centimes par jour de maladie. La visite de constatation de maladie est payée par la société qui fournit gratuitement les soins

des infirmières mutualistes, et assure un enterrement décent.

Ce fut là le noyau de l'œuvre, mais pour en
être la partie essentielle au point de vue légal,
il n'en est point peut-être la plus intéressante.
Nous sommes une agence gratuite de placement,
enregistrant les offres et les demandes, recher-
chant et découvrant les emplois, déterminant
selon les capacités ceux qui peuvent convenir.
Nous sommes un bureau d'assistance judiciaire
donnant gratuitement des avis aux veuves qui
sollicitent les conseils de nos amis hommes de
loi. Nous sommes un ouvroir — est-ce bien là
le mot ? — un atelier plutôt, où sont fabriqués,
aux moindres frais, des objets de goût pour lesquels on s'efforce de trouver des débouchés.
Nous sommes un vestiaire qui fournit, gratuitement si possible, du linge, des vêtements et des
chaussures. Nous sommes une caisse de prêts.
Nous sommes un cercle où les veuves se rencontrent, se fréquentent, causent, échangent
leurs idées. Nous sommes, enfin et surtout, un
comité d'éducation, un comité pourvoyant, selon
le vœu des glorieux morts, à l'éducation des
orphelins — éducation laïque s'ils la désiraient
telle, chrétienne s'ils la préféraient, analogue à
la situation des parents et fournissant aux en-

fants les moyens d'entreprendre une carrière.

Problème presque insoluble : nous pouvions, par des démarches, obtenir quelques bourses, peu ; un certain nombre d'exemption de frais d'études, mais on nous avait fait savoir qu'on ne nous en donnerait point à Paris, qu'il faudrait les prendre en province et il paraissait assez falot de penser qu'un jeune collégien dont la mère habitait la capitale, devrait opérer, entre le matin et le soir, quatre voyages de Paris à Perpignan pour jouir des classes sans perdre les bénéfices du foyer maternel. De ce qui est le plus nécessaire pour l'avenir de ces enfants, c'est-à-dire d'écoles pratiques les préparant au commerce et à l'industrie, l'État, ni la Ville ne nous en offrent et s'il y eut, chez quelques membres du conseil municipal, une velléité de participer à l'éducation des fils de ceux qui avaient sauvé Paris, elle fut passagère et platonique et se contenta avec une proposition de délibération. — Et puis on déclara qu'on y penserait après la guerre ! De la façon pourtant qu'elle était conçue, s'adressant uniquement aux orphelins de la bataille de l'Ourcq, on savait ce qu'on faisait ; le nombre des bourses à donner était arrêté *ne varietur*, mais la Ville ne pouvait suivre un exemple plus autorisé par la Science

que celui de la Polytechnique. *Après la guerre.*
A demain les affaires ! Les enfants n'en seront
pas moins bien instruits pour l'être trois années
plus tard, les femmes ne seront pas moins bien
secourues pour l'être quand elles seront mortes
de faim, elles et leurs petits, et la reconnaissance
est un vin généreux qui gagne en bouteille. Les
orphelins de l'Ourcq ont le temps d'attendre.

Plantez un orme au cimetière ;

vous vous mettrez à l'ombre, jeunes gens et
jeunes filles, pour espérer le bon plaisir de nos
conseillers municipaux, nationalistes, patriotes
et le reste — et des autres pareillement.

Donc de ce côté peu de chose à espérer, sinon
rien, deux fois rien, de l'État et de la Ville. Il y
a l'armée ; elle a pris quelques enfants à la Flèche ;
cela est bon, quelques-uns seulement quand il
eût fallu faire place à des milliers : les Écoles
d'Enfants de Troupe ? — Merci, nous en cause-
rons quelque jour ; lorsqu'on en aura changé la
direction, l'esprit et le reste.

Que répondre pourtant à ces femmes qui
ver-aient vers nous, tirant par la main leurs petits
en deuil. Les placer à nos frais hors de Paris
dans des orphelinats, dans des petites pensions
suburbaines ? C'était une grosse affaire et était-

il prudent de s'engager ainsi alors que nous ne
pouvions compter que sur le petit capital actuellement acquis, une soixantaine de mille francs.
Les œuvres ont à présent réalisé, selon toute
vraisemblance, les recettes qu'elles peuvent
espérer et elles ne doivent guère compter que
sur ce qu'elles ont en caisse. Les souscriptions
ne seront point renouvelées ou le seront rare-
ment. L'œuvre dite de la Journée des Orphelins qui devait distribuer dix francs par mois à
chaque enfant, multiplie, à l'égard de certaines
sociétés les formalités, exige des justifications
qui n'ont pu matériellement être fournies, réclame
la preuve d'allocations individuelles égales au
tiers de la subvention promise et, finalement,
annonce la cessation de tout paiement avant
l'hiver. La plupart des autres œuvres sont dans
le même cas.

A coup sûr, certaines disposent d'influences
que nous n'avons pas. En se jetant d'un certain
côté, elles rencontrent, surtout pour l'éducation,
des appuis qu'il ne nous est point permis de
solliciter, car nous ne voulons nous inféoder à
aucun parti ; nous demeurons indépendants sauf
de la Patrie :

> Tricolore et sans livrée
> Tel je resterai toujours

a dit le vieux Béranger. Cela est excellent au point de vue des principes ; désastreux au point de vue de l'argent et de l'influence.

Il n'en fallait pas moins s'ingénier pour ces petits enfants qu'on nous amenait et que faire ? Pour fournir à un garçon dans une petite pension, une éducation primaire à peu près admissible — à peu près ! — il faut compter une demi-bourse de 30 francs par mois ou 360 francs par année. Ce chiffre de 360 francs, très au-dessous de la moyenne, exige pour dix années d'éducation 3.600 francs : nous avons pour le moment plus de 200 garçons inscrits. Il nous faudrait donc trouver 72.000 francs par an pour répartir à chacun une instruction primaire très médiocre ; pour dix années 720.000 francs. Quant à l'instruction secondaire, en la comptant au double de la primaire, on serait singulièrement au-dessous de la vérité, et, en n'admettant que 50 garçons seulement, c'est 35.000 francs par an, ou 350.000 francs pour dix ans.

Ce sont là des chiffres prohibitifs : trouver 107.000 francs par année, durant dix ans qui donc s'y engagerait ? Faire banqueroute à mi-chemin ; abandonner brusquement les éducations entreprises en disant à la mère : débrouillez-vous, est-ce possible, est-ce moral, est-ce honnête ?

Nous avons cherché une combinaison ; j'ai cru la trouver, au moins pour les écoles libres ; je l'ai exposée au Chef du diocèse et au Directeur de l'enseignement libre ; ils l'ont agréée et elle fonctionne. En voici l'économie : moyennant le versement d'un capital convenu, correspondant aux frais complets d'éducation de 20 enfants, nous recevons 160 bons représentant chacun une année d'éducation : les bons ne sont point nominatifs, ils ne sont point spéciaux à telle ou telle école ; si la mère vient à changer de quartier, l'enfant trouve dans une école nouvelle la même éducation et la même instruction ; si l'enfant est renvoyé ou qu'il meure, nous perdons une année, mais nous ne perdons point les frais d'une éducation entière. Avec 100.000 francs si nous les avions — mais nous en sommes loin — nous assurerions l'éducation primaire, dans les écoles libres, de 200 enfants ; ou plutôt nous nous assurerions 1.600 années d'un tel enseignement à répartir entre 200 enfants. Toutes sortes d'avantages résultent d'un système que nous espérons appliquer à l'éducation secondaire et surtout à l'éducation professionnelle.

Car, du côté industriel et commercial doit particulièrement être orientée la France nouvelle ; malheureusement les établissements qui préparent à ces carrières sont extraordinairement rares en France. Le grand dessein qu'avait conçu M. Duruy et que l'empereur Napoléon III avait adopté, a complètement avorté. Dès qu'une école eut été créée dans le but de former des commerçants, elle s'est sentie humiliée et elle a aspiré à produire des bacheliers, des professeurs et des gens de lettres ; à distribuer l'instruction classique ou, si elle n'a pu y parvenir, quelque chose qui en eût l'apparence et en fût la parodie. Les cours pratiques ont été unanimement mis de côté et il en a été de cela comme d'une école ménagère que fonda une excellente dame dans un faubourg de Paris. Comme elle était fort généreuse, on accepta qu'elle fournît l'argent et le matériel ; mais on n'a jamais allumé les fourneaux ni mis au feu les casseroles ; cela eût sali les unes et les autres, l'on eût été obligé de récurer celles-là et d'astiquer ceux-ci. Une fois par semaine, on fait un cours théorique durant un quart d'heure ; ce qui justifie sur le prospectus la mention désirée par la bienfaitrice.

L'instruction commerciale et industrielle qui devrait être entreprise de très bonne heure par des cours pratiques, est dans le néant. L'État semble s'en être désintéressé et la Ville qui avait paru faire de ce côté un effort s'en est détournée. Reste l'initiative privée : c'est à elle que nous nous sommes adressés et moyennant une allocation double environ de celle qui nous est demandée par les écoles primaires, nous obtenons l'assurance d'une éducation complète pour nos enfants. A la sortie de cette école secondaire, les bons élèves sont certains d'une situation rémunératrice et leur carrière est faite.

Nous ne saurions détourner certains enfants des études classiques, soit dans des établissements de l'État, soit dans des établissements libres. Nous nous sommes efforcés d'obtenir pour eux des bourses d'externat ou de demi-pension. Outre les placements opérés et qui passent la vingtaine nous avons reçu d'excellentes promesses et des garanties tout à fait souhaitables pour la rentrée. Le nombre d'enfants, fils d'officiers, qui se dirigent vers Saint-Cyr ou Polytechnique est considérable ; ils ont le feu sacré et notre effort consiste à l'entretenir : mais même du côté militaire n'y aurait-il pas à gagner à donner aux études une activité mieux réglée, un tour plus pratique ?

C'est du côté féminin surtout que le pratique fait défaut. Partout, avec une extrême générosité, on nous a offert des places d'externat gratuites ; et nous sommes heureux de les accepter.

Mais toutes ces institutions, sans exception, ont pour objet de préparer à l'instruction, brevet supérieur, baccalauréat, agrégation même. Presque nulle part, on n'a pensé à des écoles professionnelles féminines qui, soit dans le commerce, soit dans quantité de professions libérales, pourraient procurer à celles qui les exerceraient, des situations largement rémunératrices. Si, au lieu de multiplier les lycées de filles, on créait des écoles pratiques de chimie industrielle, de pharmacie, de comptabilité (anologues à celles qui fonctionnent dans certains orphelinats israélites) croit-on qu'on rendrait aux filles un mauvais service? Tout ce qui pour les mains est d'adresse et d'habileté, pour l'esprit d'attention et de soin pourrait faire partie de leur domaine et c'est bien plutôt à suppléer les hommes qu'à rivaliser avec eux qu'on devrait préparer les jeunes filles. Mais il faudrait ici une évolution que rendrait seule possible la fondation d'une école exigeant en même temps que des capitaux la direction d'une femme supérieure.

Tout ce que nous rêvons c'est, avec les moyens minimes dont nous disposons, faire le mieux possible, rendre un peu plus aisée la situation des veuves et des orphelins, exécuter à leur égard les suprêmes volontés des morts. Si mon âge ne m'a point permis de servir activement, au moins ai-je tenté dans la mesure de mes forces, dans la zone d'activité qui m'était ouverte, de rendre aux soldats les services qu'ils pouvaient attendre d'un vieux camarade. Je l'ai fait de tout mon cœur et si je n'ai point réussi autant que je l'eusse souhaité — du moins pour les veuves et leurs enfants — c'est que j'ai eu le respect de leur malheur au point de ne tolérer autour d'elles ni réclames bruyantes, ni affiches illustrées, ni souscriptions tapageuses. De même que le secours devait être discret, respectueux, ménager d'une dignité si justement ombrageuse, la sollicitation ne pouvait être assez réservée et assez circonspecte. Que d'autres délivrent aux veuves qu'ils secourent des livrets où ils marquent chaque aumône qu'ils distribuent, libre à eux, nous préférons être trompés dix fois plutôt que de prononcer les mots ou de signer les lettres qui humilieraient ou flétriraient les misères orgueilleuses. Ah! sans doute, il y en a qui racontent des histoires, il y en a qui ont dès à présent une attitude, des toilettes, des façons peu rassurantes. Et après? De la Maison où l'on travaille, de la Maison où s'assemblent avec leurs enfants, les Veuves de la guerre, elles sortiront d'elles-mêmes. Auront-elles moins eu faim à certains jours ? auront-elles moins souffert ? auront-elles été moins éprouvées dans leur chair et dans leur cœur ? Laissons-les, les pauvres, et si l'on ne peut plus rien pour elles, ayons encore pitié de ces sœurs douloureuses et sauvons-les enfants.

La Mutuelle qui à Paris comprend 334 participantes et 219 agrégées, a depuis son origine jusqu'au 15 avril 1916, soit durant un exercice écourté et sur lequel on ne saurait fonder une statistique, reçu des participants 5145 fr. 50 et et leur a distribué 3116 fr. 50 pour 1611 journées de maladie ; elle a de ses membres bienfaiteurs et de ses membres honoraires, ainsi reçu une somme globale de 28.090 francs formant la réserve. Dans cette réserve est comprise une notable souscription du ministère de la Guerre, doublement précieuse, d'abord par l'aide matérielle, surtout par l'appui moral. C'est un grand honneur qui a été fait là à une œuvre qui, en dehors des partis et en dehors des querelles confessionnelles, entend conserver un caractère patriotique et militaire. Les veuves de tous ceux qui sont morts pour la patrie y sont également admises, veuves de soldats, de sous-officiers, d'officiers de réserve, d'officiers de carrière, depuis le sous-lieutenant jusqu'au colonel. On ne demande ni quelle est l'origine, ni quelle est la religion. Lorsqu'ils sont partis, lorsqu'ils se sont battus, lorsqu'ils ont saigné, lorsqu'ils sont morts, on ne leur a point demandé s'ils avaient des galons et combien, s'ils étaient de Bretagne ou de Lorraine, s'ils étaient catholiques ou juifs. Nous ne le demandons pas à leurs veuves. Nous demandons un nom, une date, le nombre des enfants, les besoins urgents, et, j'en ai conscience, aucune n'est sortie humiliée ou mécontente.

Pour elles j'ai retracé ici la marche que nous avons suivie, et les étapes que nous avons parcourues; mais à ceux qui nous ont apporté leur généreux concours, je voudrais dire la reconnaissance que nous éprouvons, l'espoir que nous mettons en leur patriotisme et en leur générosité. Que n'ai-je pour leur parler, pour leur montrer l'horreur de certaines situations, l'éloquence persuasive et touchante qui inspire les résolutions décisives, mais quoi!

Je suis vieux, je suis seul et sur moi le soir tombe...

Frédéric MASSON.

30 mai 1916.

A L'ARRIÈRE

ET LES VIEUX ?

C'est bon ! On mobilise dans toute l'Europe.
Sur une querelle, de loup à agneau, cherchée
par une grande puissance à un petit peuple, par
un agrégat de nations à une race qu'elles prétendent écraser et subjuguer, les Européens,
depuis l'Atlantique jusqu'à l'Oural, vont s'entre-
tuer. On va voir ce que l'on n'avait point vu
depuis qu'il y a une civilisation européenne :
toutes les nations se lever en armes et se provoquer à la destruction. L'humanité recule de
cent années, de bien plus ! Car qui peut com-
parer ce qu'on va voir aux guerres du début du
dernier siècle ? Si les soldats, en grand nombre,
s'affrontaient, tombaient, mouraient, les citoyens,
pour la plupart, étaient hors du débat. Seule la
Prusse avait dès lors organisé en armées ses

levées en masse et ouvert la route où, soixante-dix ans plus tard, tous les Etats, jaloux de leur indépendance, durent se précipiter.

Ainsi, tout marche. Si le prétexte est, à première inspection, médiocre, les effets peuvent être tels que la carte soit encore une fois remaniée, que des noms en soient effacés ou que d'autres y revivent. C'est peut-être le règlement pour un demi-siècle des querelles et des rivalités. En tous cas, c'est ici un des tournants de l'histoire et quelle que doive être l'issue, il faut l'aborder avec un cœur prêt, une âme sereine, le ferme dessein du sacrifice. Tout le monde se prépare avec un calme remarquable à faire son devoir.

Ce devoir, il est tracé pour tous ceux qui sont des jeunes hommes, pour tous ceux qui sont dans la pleine force de l'âge. Mais les vieux, qu'en fait-on ? Quoi ! dans la tempête où se trouve lancé le vaisseau qui les porte, ils n'ont qu'à se croiser les bras et, comme le chœur des tragédies antiques, à lancer des malédictions et des prières ? S'ils ne peuvent à soixante ans passés porter le sac et manier le fusil, fournir des étapes, monter sous le ciel des gardes de nuit, sont-ils à ce point cacochymes qu'ils ne soient bons à aucun travail de magasins, de

bureaux, de surveillance? N'est-il aucun poste
où ils puissent remplacer quelques jeunes gens
qui feraient des soldats? Ambitions médiocres,
les seules qui leur soient permises! Dans une
marche, malgré leur bonne volonté, ils reste-
raient en arrière ; dans un combat, ils ne pourraient ni courir, ni faire des bonds, ni se coucher,
ni se relever ; il faut connaître ses aptitudes et
ne point se rendre pour les autres une gêne et
un embarras.

On dira qu'ils n'ont qu'à rester dans leur retraite et à attendre. C'est à cela qu'ils se refusent. A cette tension nerveuse qui s'accroît
chaque jour, les jeunes auront pour dérivatif
l'activité de leurs corps, les préparatifs pour un
départ prochain ; les femmes auront la prière et
la charité : elles s'apprêteront à remplacer aux
environs des champs de bataille ou dans les
villes désignées celles que nous avions vues jusqu'ici apporter aux blessés et aux malades, avec
des soins qui peuvent être imités, mais qui ne
seront guère égalés, les consolations et les espérances que leur présence seule, leur exemple et
leur vocation faisaient naître. Mais quoi! les
vieux, qui n'ont pas été exercés dans les hôpitaux et qui ne sauraient à présent s'y rendre
utiles, sauf comme économes et distributeurs,

n'ont-ils vraiment aucune chance d'intéresser à quelque tâche leur esprit et leurs bras désœuvrés ? Sans doute, les mesures semblent si bien prises qu'avec un magnifique dédain on répond aux médecins, aux infirmiers qui se présentent : « Nous ne saurions vous utiliser : voyez les organisations privées ». Assurément doit-on se trouver heureux que l'organisme national soit si robuste et que les cadres soient aussi bien remplis ; mais il peut se rencontrer par ailleurs quelque lacune : il y a des vieux qui sont prêts à tout faire, qui compteront les cartouches, les souliers, les couvertures, distribueront les pantalons, ou bien coudront des boutons. N'importe quoi, pourvu qu'ils croient faire quelque chose.

En juillet 70, quand les mobiles venaient chercher leurs pantalons et leurs capotes, ils trouvaient, dans les magasins de l'intendance, des compagnies entières de garçons parfaitement constitués, parfaitement capables de faire campagne, qui s'étaient embusqués là grâce à de belles connaissances, et qui prenaient le haut ton pour mettre à l'ordre ceux qui partaient. Cela provoquait des indignations et il en est resté sur certains contemporains une teinte fâcheuse. Il n'était ni de bon exemple ni de bonne politique d'employer des jeunes hommes

valides à de telles besognes Qu'aura-t-on à dire,
si ce sont des vieux ? Au lieu de ces sarcasmes
que lançaient à ceux qui ne s'habillaient pas
assez vite ou qui se plaignaient de leurs godillots,
les flambards de l'Intendance, les recrues trouveraient les encouragements des vieux, qui, en
y mettant toute leur patience, s'efforceraient à
les contenter, car ils savent, eux, ce que c'est
que faire campagne avec une capote trop courte
et des souliers trop étroits !

Et puis, même si leur présence, à ces vieux,
n'était pas des plus nécessaires, ne serait-ce rien
que, dans le commun péril, toutes les âmes communient, que l'on sache au dehors, que l'on
sente au dedans que toute la nation est debout,
des vieillards aux enfants, qu'elle est résolue et
qu'elle est prête.

Écho de Paris, 2 août 1914.

LES VIEUX ET LES FEMMES

A l'article publié par l'*Echo*, les adhésions sont venues de tous côtés si pressantes et si nobles qu'on doit persévérer en ce dessein et ne point laisser inutilisées des forces qui s'offrent, des bonnes volontés qui réclament un emploi. Les uns préconisent la formation d'une sorte de garde civique qui serait chargée de certaines surveillances et aiderait les gardiens de la paix. Cette application est discutable : il faut pour un pareil service, outre un sang-froid qui manquerait à beaucoup, des aptitudes physiques qu'on n'a plus guère, passée la soixantaine, et une instruction théorique qu'on n'a pas le temps d'acquérir. Les constables volontaires, qu'on assermentait en Angleterre lors des temps de trouble et qu'on mettait à la disposition de la police régulière, étaient des hommes dans la force de l'âge et qui se sentaient particulièrement vigoureux. D'ailleurs les organisations sociales sont trop différentes pour que l'on puisse utilement établir ici ce qui réussit là-bas.

Reste une garde civique, organisée à la façon dont le furent les *Pantouflards* durant le siège, chargée d'établir l'ordre devant les boulangeries et les boucheries et de faire le jour, et même la nuit, les patrouilles de police. Cela aura son utilité, au cas que les approvisionnements se raréfient et que le cercle se resserre autour de nous.

Mais l'on ne saurait spéculer sur l'exemple d'il y a quarante-quatre ans. Les forts construits autour de Paris ont doublé, sinon triplé, la population enfermée dans le camp retranché dont le noyau est la ville même. C'est dans la banlieue que le danger est le plus grand pour l'ordre public. Et il n'y a pas que le camp retranché, il y a les villages et les villes de la périphérie qui doivent servir à l'approvisionnement du camp, et qui sont sous le canon des forts. Dès à présent, cette zone très étendue est presque entièrement démunie. Dans les écarts où l'on ne cuit pas, les boulangers ne font plus de tournée, les uns parce qu'ils sont appelés, les autres parce que leurs chevaux ont été requis.

La suspension de la vie nationale par le fait de la mobilisation n'a malheureusement pas

pour corollaire la suspension des besoins physiques chez les non-combattants, et l'on devra
pourvoir à ces besoins. Voilà pour les vieux
qui sont ici une première utilisation de leurs
forces. Il en est d'autres : n'aura-t-on pas besoin,
dans les hôpitaux qu'on créera, en dehors des
infirmières patentées, de gens pour faire le ménage, dresser les lits, nettoyer, frotter? Eh bien,
nous voilà ! Nous ferons ce qu'il y aura à faire,
et de bon cœur.

Combien de femmes aussi, combien veulent
aider les vieux ! J'en ai vu, qui s'offraient pour
trier et distribuer les lettres, balayer les rues,
soigner les enfants des gens qui partent, faire
tout ce qu'il faudra pour rendre libres des bras
masculins. Une immense émotion m'a saisi à
les entendre, à les sentir si vaillantes et si chari-
tables ; et toutes ces bonnes volontés que va-t-on
faire d'elles ?

Mais, en attendant qu'on vous appelle, mes
sœurs, mes filles, voulez-vous écouter un homme
qui n'a pas le bonheur de croire, mais qui sent
en ce moment l'impérieuse, l'inéluctable voix
des Ancêtres ? Mes sœurs, allez dans vos églises
et dans vos temples ; priez ! Qu'une continuelle
prière, qu'un chœur de vos voix concertées
s'élève vers le Dieu auquel vous croyez ; priez,

pour la France qu'on opprime et qu'on prétend
rayer de la carte du monde, le Dieu de saint
Louis et de Jeanne d'Arc ; priez le Dieu pour
qui la France croisée affronta et refoula l'Invasion de l'Islam ! Priez de tous vos chœurs et de
toutes vos voix. Que les chefs de vos églises
affirment, contre l'agresseur, le droit, l'impé-
rieux devoir de la défense, et qu'ils distribuent
à ceux qui partent les bénédictions sacrées.

Que ce réconfort qu'attireront vos prières
passe dans nos veines et apaise notre sang. Que
le calme entre dans nos cœurs, comme il est
dans nos consciences ; nous tous, nous le jurons,
nous Français, nous sommes les soldats de la
Justice et les soldats de l'Humanité.

Écho de Paris, 12 août.

BONNE VOLONTÉ

De tous côtés, on interpelle ceux que l'on croit en mesure ou en disposition de faire quelque chose, d'organiser et de diriger. On leur dit : « Me voilà. Je ne suis plus bon à faire campagne, je ne pourrais fournir des étapes, porter le sac, courir, sauter, prendre les poses qu'il faut, mais, tout de même, j'ai bonne tête et bon coffre et ce n'est pas la bonne volonté qui me manque. Serai-je condamné à m'asseoir au bord de la rivière pour voir passer les bateaux et deviser du temps qu'il fait, durant qu'on entendra au lointain les sourds appels des canons ?

« Cela n'est pas possible. Cela n'est pas vrai. »

Il est des démonstrations oiseuses et des gestes inutiles : un monsieur qui a passé l'âge de toutes les retraites, qui se présente au ministre de la guerre pour être bicycliste, sait à merveille qu'on ne le prendra pas et, si on l'acceptait, quel rôle jouerait-il ?

Mais, à défaut de service actif, il est quantité de services semi-sédentaires où un vieil homme peut se rendre utile et où il remplacerait à merveille des jeunes gens dont la présence paraît bien peu justifiée. N'en est-il pas qui font rouler comme l'éclair et mugir comme le tonnerre des automobiles parées de guidons peut-être réguliers, mais garnies de personnes dont les accointances avec la Croix-Rouge semblent problématiques?

Pour mener des automobiles ou des hippomobiles, des centaines de vieux hommes se présenteraient; il y en aurait pour tous les travaux de bureau; il y en aurait pour les vestiaires, le battage des habits, leur pliage et leur conservation; car les habits civils que nos mobilisés viennent de quitter vont être mangés par les mites si l'on n'y prend garde; il y en aurait pour éplucher les légumes, faire la cuisine ou y aider, car il faut bien espérer que tous les *Fourneaux*, fermés au printemps, vont ouvrir à présent comme à l'hiver et qu'aux femmes, aux enfants dont les nourrisseurs sont partis, on va distribuer sans compter les bonnes soupes chaudes; l'on réduira quelque peu la liste des aliments fournis par les vingt-huit fourneaux, moyennant cinq, dix, quinze et vingt centimes qui forment des menus vraiment sardanapalesques ; on se contentera de l'essentiel et il ne manquera pas de clients, et il ne sera point mal de trouver du personnel de renfort — hommes ou femmes.

.·.

Oh ! n'écartons personne ! Ne négligeons personne ! Dans cette admirable communion des Français réconciliés, que toutes les bonnes volontés trouvent leur emploi ! Que faire des femmes qui ne veulent pas travailler dans des ouvroirs, qui ne savent point tirer l'aiguille ou faire marcher une machine ? Et combien cela est utile en ce moment, et comme il manque à quantité — qui ont reçu l'éducation des grandes intellectuelles — de savoir préparer une chemise de blessé ! Jadis, toutes pouvaient faire de la charpie, cela s'apprend vite — et combien j'ai vu de mains bénies, et à présent glacées, besogner ainsi, il y a quarante-quatre ans, durant les jours et les nuits ! A présent, cela ne sert plus ; cela guérissait tout de même, et qui sait si on n'y reviendra pas ? Mais, à défaut de la charpie, il y aura, je suppose, des bandes à rouler, des petits travaux à faire qui ne seront point réservés

à messieurs les professionnels ou à mesdames ?
Serait-ce abuser de leur complaisance que solliciter des indications ? Il y aura ensuite les gros
et menus ouvrages dans les ambulances, où il
faudra bien du monde, et puis les enfants, crè-
ches et garderies. — Et puis, les malades civils.
Car il y en a, il y en a même beaucoup, et, dans
quantité d'hôpitaux, on les met dehors pour faire
place aux blessés. Évidemment, les blessés
seront tout à fait intéressants, et l'on peut dire
que pour un hôpital ils sont plus flatteurs ; mais,
enfin, les pauvres civils ont bien aussi le droit
de mourir dans un lit.

Vous voyez, il y aura de la besogne pour tout
le monde et on pourra employer tout le monde, à
condition qu'on mette chacun à sa place et qu'on
ne voie pas des garçons de vingt-cinq ans, qui devraient être sur le front, directeurs d'hôpitaux !

De ce côté des malades et des blessés, des hôpitaux et des ambulances, il y a beaucoup à
faire, et l'autorité militaire n'a pas encore pris
les choses en mains. Moins de guidons, moins de
brassards, moins de drapeaux de Genève.
Aucune grâce pour ceux qui usurpent et contre-
font, car qui sait ?...

Le Gaulois, 15 août.

POUR LES FEMMES

Dès à présent, une très grande misère, une misère honteuse, qui attend pour se révéler les dernières extrémités, sévit sur cette catégorie, si nombreuse à Paris, d'institutrices libres, de femmes vivant à la diable de quelques ouvrages qu'elles vendent, de copistes, de dactylographes, ce petit monde qui d'ordinaire se suffit et qui a l'horreur de tendre la main. Les clients sont partis ou ils ont autre chose à penser, les élèves ne sont pas rentrés ou l'on fait l'économie des leçons. Célibataires ou veuves, rien pour elles des secours officiels, réservés aux femmes des mobilisés. Même si elles ont sous les drapeaux un ou plusieurs fils, elles n'ont officiellement droit à rien. Leurs mains tremblantes sont maladroites ; leurs yeux sont troubles à force de larmes ; elles sont déshabituées des travaux d'aiguille et, dans les ouvroirs, on ne les accueillerait que par charité. Il y faut des doigts plus

alertes et des yeux plus exercés. Alors quoi ?
Mourir ? Une écrivait : « N'importe quoi, pourvu
que je mange ! Je ferai n'importe quoi : ménage,
cuisine, balayage !... » Et ce fut une dame, et à
présent, toute seule dans l'immense Paris où elle
vit depuis soixante ans et qu'elle ne connaît pas ;
elle erre, propre, correcte, cherchant à manger.

Assurément, il y a, il y aura, pour distribuer
des aliments à ceux qui les viendront demander,
ce *Comité du secours national* où communient,
dans une admirable fraternité, les représentants
de toutes les opinions — ou à peu près toutes —
et les chefs de toutes les Églises ; mais ne fau-
dra-t-il pas, pour obtenir un morceau de pain,
suivre une filière, solliciter, avouer ? Ce qui se
murmure à une oreille qu'on sait complaisante,
on n'ira point le dire tout haut dans un bureau,
devant l'indifférence des employés, la curiosité
amusée des professionnels. Il faut trouver
quelque chose, autre chose.

Ne pourrait-on imaginer, pour ces femmes
dont je parle, l'ouverture de registres de
demandes d'emploi ?

Voilà une idée : c'est à des femmes, aux
femmes qui manquent vraiment et dont l'absence
est regrettable dans ce comité du Secours national, à des femmes non officielles, non profes-

sionnelles de la charité, à des volontaires, ces volontaires qui d'une façon si touchante offrent pour servir la Patrie leurs bras et leurs cœurs ; c'est à des femmes et à quelques vieux qui ont assez connu de misères pour être doux au pauvre monde, c'est à eux et à elles que reviendrait la mission de recevoir, comme dans un confessionnal, ces tristes confidences, de faire une légère enquête, de juger la suite à donner, soit qu'on utilise ces faiblesses qui se présentent, soit que sous quelque forme, ménageant l'amour-propre, on administre un secours. Mais cela doit être fait avec un tact que peuvent seules suggérer la tendresse d'un cœur bien né et l'éducation simple et affable que recevaient les filles de Paris. Point d'apparat, rien d'officiel, rien qui rappelle un bureau, une agence, l'Administration. O sœurs françaises ! il faut communier dans l'amour de la patrie ; il faut écouter les douloureuses confessions, il faut panser avec des mains adroites et prestes les plaies profondes. O sœurs françaises ! soyez douces les unes pour les autres, soyez tendres, soyez généreuses, soyez humaines ! Penchez-vous sur ces tristes vies et écoutez-en monter les chansons et les sanglots. Soyez fraternelles aux délaissées, aux abandonnées, aux isolées. O sœurs françaises ! soyons régénérées par l'amour en attendant que nous le soyons par la victoire !

P. S. — Comme s'il n'y avait pas assez de misère, voici qu'on apprend que l'Œuvre de Villepinte — ces deux énormes maisons de Villepinte et de Champrosay — ont *rendu à leurs familles ou à leurs bienfaiteurs* les hospitalisées tuberculeuses. La nouvelle paraissait à ce point incroyable que l'on se fût refusé à y croire sans ce papier qui a été mis sous nos yeux :

« *En cas de mobilisation, nous vous prévenons que l'hôpital de Villepinte est réquisitionné par le Ministère de la Guerre.* Dans ce cas, venez immédiatement chercher vos malades. »

Rien que pour Villepinte, c'est trois cents tuberculeuses jetées sur le pavé de Paris.

Et comment admettre que dans ces locaux on puisse seulement penser à placer des blessés ?

Il y a là une double faute à réparer — et tout de suite. Car ces pauvres enfants tuberculeuses, certaines, beaucoup, au dernier degré, souffriront d'autant plus dans les logis de hasard où on les recueillera qu'elles ont pris l'habitude de soins plus éclairés et elles vont véhiculer la contagion de leur mal dans Paris.

Écho de Paris, 18 août.

CHOMAGE

Quantité de très braves gens s'imaginent que, pour monter une ambulance, il suffit de disposer, tant mal que bien, dans un salon et une salle à manger, une douzaine de lits le plus rapprochés possible. Si l'on y joint des tables de nuit, naturellement en pitchpin, c'est par un esprit de prodigalité coupable. Cela fait, enflé d'un légitime orgueil, on arbore à sa fenêtre le drapeau de la convention de Genève et l'on se décore soi-même de divers emblèmes et médailles. C'est ce qu'il faut, car cette ambulance est inexistante. Non seulement elle ne peut rendre aucun service, mais dans l'état actuel de la science, elle serait néfaste aux malades et aux blessés. Nous en avons tant perdu en 70-71, grâce à ces installations déplorables !

Les gens qui crient contre le chômage et qui appellent les colères populaires sur les patrons réfractaires à leurs volontés sont tout pareils à ces monteurs d'ambulances, qui ne sont que des monteurs de coups. La plupart des industriels ont fermé parce qu'ils n'avaient ni argent, ni matières premières, ni commandes, ni personnel. Je voudrais bien savoir comment ils eussent fait autrement !

Mais voici : le personnel, mobilisé les permiers jours et dont le départ subit a été la raison essentielle de la fermeture, a été, pour des causes qu'on ignore, renvoyé dans ses foyers à la disposition de l'autorité militaire, et il réclame du travail. Et comme il commence à être violent, certains journaux l'appuient et *exigent* que les industriels rouvrent leurs usines, avec ces employés, quelles que soient leur spécialité, leur adresse, leur intelligence et leur compétence. Les contremaîtres sont absents : n'importe ! Les ouvriers qui exécutent les travaux difficiles sont aux armées : qu'est-ce que ça fait ! On mettra les balayeurs aux machines, et tout n'en ira que mieux. C'est-à-dire que vous casserez des machines pour plusieurs centaines de mille francs et que vous tuerez des hommes !

J'admets qu'on ait recruté, à tout risque, un personnel de fortune, qu'est-ce qu'on lui fera faire? Toutes les commandes ont été annulées en France, en Belgique, en Angleterre. Il ne s'agit pas d'en exécuter, je pense, pour l'Allemagne et l'Autriche. Avec l'Italie, ce qu'on fait est nul. Restent les États-Unis. Allez-y voir! Les conditions de maintien se sont faites draconiennes, pour les prix et pour les délais, et lorsqu'on a essayé de parler de paiement d'avance, il a fallu entendre comme on fut reçu.

D'ailleurs, voudrait-on nous dire comment, même si l'on avait recruté du personnel et qu'on eût reçu des commandes, on exécuterait celles-ci. Par quel chemin de fer recevrait-on les matières premières ou les matières fabriquées sur qui l'on devrait exercer son industrie? Il n'y a point de messageries dans Paris, encore moins hors Paris. Transportera-t-on les marchandises avec les camions automobiles ou avec les voitures hippomobiles qui sont à la suite des armées? Il faut, si l'on fabrique, recevoir et livrer : quand, comment, avec quoi?

Enfin, l'argent. Il faut bien penser qu'un jour ou l'autre, on réglera ce compte et qu'on dira qui est responsable de cette effroyable crise où l'on a jeté l'Europe pour le salut de quelques-uns

— peut-être d'un seul. — Puisse-t-il celui-là être un juste ! Mais enfin, du jour au lendemain, on s'est trouvé sans un sol qui vaille et l'on peut bien dire que, sauf pour quelques privilégiés, cela continue. Mais les industriels ont été si profondément atteints que, même s'ils retrouvaient de l'argent, beaucoup, dans une telle crise, ont perdu confiance et ils ont bouclé.

C'est excellent que des messieurs qui ne mettent rien au jeu et qui n'ont rien à risquer poussent des cris d'orfraie : « Rouvrez ! Rouvrez !! Rouvrez !!! » Eh ! messieurs, vous nous la baillez belle. En pareil cas, il n'y a de compétence que chez les intéressés. Qu'on réunisse les industriels de chaque catégorie, ceux qui ont *réellement* un personnel, et qu'on les consulte. Que l'État leur passe des commandes et leur prête de l'argent, alors ils pourront rouvrir — sinon non !

Le Gaulois, 23 août.

LES CORNETTES AU FEU !

Il n'est point trop de toutes les forces actives
de la nation, de toutes ses forces physiques, de
toutes ses forces morales pour refouler l'Invasion des Barbares. Dans une union fraternelle
où se confondent toutes les bonnes volontés, les
hommes, ceux qu'on a appelés et qu'on a gardés
sous les drapeaux, sont prêts au sacrifice et ils
l'accomplissent avec une admirable énergie. Les
vieux qui restent étouffent leurs larmes, et dans
les besognes auxquelles ils sont aptes encore,
s'efforcent à faire du mieux qu'ils peuvent. Les
femmes, toutes les femmes, s'élèvent par le patriotisme à un état d'âme supérieur et qu'on ne
pouvait plus espérer. Ah ! comme c'est fini des
théories pacifistes et anarchistes que, à quelques moments, certaines dames soutenaient
pour se rendre intéressantes et singulières !
Elles sont à présent Françaises tout simplement
et, plus ou moins nettement, mais avec une

bonne volonté ingénue, elles se présentent pour
des travaux dont elles n'ont guère la pratique
et qui exigeraient un apprentissage sérieux, une
éducation professionnelle, une victoire continuelle sur d'instinctives répugnances et sur des
pudeurs justifiées. On ne s'improvise point maître
en quelque métier que ce soit et l'*amateurisme*,
où qu'on le rencontre, n'est producteur que de
sottise, d'inutilité et de laideur. *Age quod agis.*
Fais ce que tu fais. Ne le fais point pour rire,
pour t'amuser, *en te jouant*. Fais-le avec tout
ton cœur, tout ton cerveau, tous tes nerfs.
Quelque désir de perfection que tu éprouves, ton
œuvre sera toujours au-dessous de ton rêve.

Il faut tout le monde à la besogne. Il faut que
tout le monde fasse son plus grand effort, mais
dans ce qu'il fait et peut faire. Si on prenait
M. Branly pour commander l'armée du Nord, il
y serait vraisemblablement médiocre, et de même
l'eût été M. Henri Poincaré à diriger des aéro-
planes. Chacun dans sa spécialité.

Il est des spécialités qu'on dédaigne qui devraient être au premier rang, ce sont ces femmes
habituées à envisager toutes les souffrances,
magnifiées par la prière, élevées au-dessus de la
commune humanité par la noblesse de leur vie
et la profondeur de leur foi.

Où sont-elles celles-là, ces Françaises ? Dispersées sur les routes de l'exil, elles écoutent les bruits qui viennent du pays qui les a proscrites et qui les a dépouillées ; elles tremblent à l'idée que leur France se bat et qu'elles ne sont pas là pour relever les blessés, soigner leurs plaies, veiller leurs fièvres, adoucir leur agonie, fermer leurs yeux, prier devant leur mort !

Il faut à nos soldats les cornettes blanches voletant entre les lits blancs ; il faut, dans la grande réconciliation nationale, les Sœurs reprenant leur place de bataille, prenant elles aussi part au péril pour avoir part à la victoire ! Que les barrières s'abaissent qui les tenaient hors de France, hors de la vie française ; que les proscrites reviennent pour servir, quitte ensuite à regagner leur pays d'exil. Pour combien d'œuvres à l'infini elles nous manquent à présent, et comme, à mesure qu'on brasse la misère humaine, on sent qu'elles seules étaient expertes à la consoler, à l'apaiser, à lui rendre l'éternelle chanson qui vient en souvenir aux lèvres des moribonds comme une fleur oubliée cueillie aux jours de l'enfance ! Une grande injustice réparée, l'aide la plus efficace assurée, la direction des hôpitaux garantie, l'unité de direction, le minimum d'exigences, le sens de l'économie qui abolira le gaspillage, la force d'une discipline qui n'aura point égard aux vanités mondaines : voilà ce qu'il faut. Et pour le produire, quoi ? Un décret de salut public, un mot : *Les Sœurs sur le front !* Et elles y courront !

Le Gaulois, 3 septembre 1914.

POUR LES FEMMES

Nous publions aujourd'hui notre sixième liste. Assurément, nous n'avons pas beaucoup d'argent et nous ne pouvons pas tenter des choses grandioses. Nous donnons, autant que nos moyens restreints nous le permettent, du pain et un abri à de pauvres femmes. Nous leur procurons des places. Nous servons d'intermédiaires entre la demande et l'offre. Autant que possible nous contrôlons l'une et l'autre. Car, il ne faut pas se le dissimuler, ces temps d'extrême misère, de chômage général, sont les temps attendus par les marchands de chair humaine. La chasse aux gibiers de plume et de poil est fermée, la chasse à la chair blanche bat son plein.

Pauvres filles qui ont faim, qui ne savent où coucher, qui ne peuvent, quelle que soit leur volonté, et elle est infinie, gagner vingt sous par

jour !. Des filles, qui ont étudié, passé leurs examens, qui ont un talent réel, comme miniatu-
ristes, comme pianistes, comme cantatrices
même. Rien, on ne leur donne rien pour ce
qu'elles valent et on ne leur offre du pain que
contre la prostitution de leurs corps ! Elles
résistent, elles se défendent, elles souffrent, elles
crient vers nous. Mais c'est jeune, cela aime la
vie, cela ne veut pas mourir... Ce n'est pas avec
une soupe et vingt sous qu'on peut les sauver,
celles-là. Nous en avons pourtant sauvé plusieurs, nous en sauverons encore. Mais il nous
faut de l'argent.

Rendez-vous compte que, dans cette panique
des départs, des centaines, des milliers de personnes riches sont parties pour la province, ren-
voyant les institutrices, les gouvernantes, les
femmes de chambre, interrompant brutalement
les leçons. « On vous écrira, mademoiselle ! »
Et la pauvre est partie, le cœur gros et les yeux
humides, pour sa chambrette de Montmartre ou
des Batignolles. Vous en connaissez de ces victimes, vous en connaissez à l'infini. Ceci, que
j'écris, éveillera-t-il dans quelques cœurs un
scrupule de générosité ? Je ne sais, je ne le crois
pas. Presque tout ce que nous avons reçu jusqu'ici — sauf une souscription, la plus grosse à

la vérité, — nous est venu de Paris. Les rescapés n'ont pas donné un sol : c'est vrai qu'ils ont eu leur voyage à payer.

Écho de Paris, 10 septembre 1914.

POUR LES BLESSÉS

Les champs de bataille sont les sanctuaires de
la Patrie.

On n'y doit pénétrer qu'avec des cœurs purs
et des âmes nettes.

Ceux qui y viennent attirés par une malsaine
curiosité, par une sorte de sadisme qui se satis‑
fait à contempler la souffrance doivent être impi‑
toyablement chassés.

Ceux même qui, avec des intentions droites,
sans aucune préparation, ni aucune éducation,
se proposent pour relever les blessés, au besoin
les panser, et qui, avec une déplorable inexpé‑
rience et une confiance audacieuse en leurs ta‑
lents, font souffrir et parfois mourir ceux qu'ils
prétendent soulager, ceux-là aussi doivent être
écartés, à moins qu'ils ne se subordonnent à
ceux qui savent et qu'ils se contentent d'exécu‑
ter sans les discuter les ordres qu'ils reçoivent.

D'un côté, affluence d'initiatives incompétentes, dont il paraît difficile parfois de démêler exactement l'inspiration; de l'autre, absence de compétences indispensables.

Voilà les défauts auxquels il faut remédier pour obtenir que nos blessés soient *le plus tôt possible* relevés, et amenés dans les meilleures conditions du champ de bataille sur les ambulances.

La guerre d'aujourd'hui n'a point d'analogue dans l'Histoire. Elle ne saurait être comparée aux grandes rencontres d'il y a cent ans où après un, deux, au plus trois jours de combat (et je ne vois d'une bataille de trois jours qu'un seul exemple) le vaincu se retirait; le vainqueur ramassait, pansait, évacuait les blessés. Même pas à une guerre de siège : à Sébastopol, après chaque grande affaire, un armistice intervenait pour soigner les blessés. Un seul exemple, que nous n'avons guère pu étudier : celui de la guerre de Mandchourie. Encore les Russes tombaient généralement dans leurs lignes. Dans la guerre des Balkans nous savons que certaines armées n'avaient pas de service de santé et ne s'occupaient point des blessés : c'est un système.

Ce n'est pas le nôtre.

Dans une guerre telle que celle à laquelle nous assistons, les adversaires se disputent le terrain pendant sept, huit, dix, douze jours — n'est-ce pas quinze à présent ? — avec la même opiniâtreté, avançant, reculant, attaquant de nouveau, de façon que l'intervalle entre leurs tranchées soit couvert de blessés, de morts, de débris de toutes sortes. Et ce sont des milliers, des milliers, encore des milliers d'hommes !

Il faut pour qu'on puisse les ramasser que le terrain sur lequel ils gisent soit entièrement gagné.

A ce moment seulement, les escouades de brancardiers peuvent se répandre sur le champ de bataille ; mais il faut que ces escouades soient militairement organisées, commandées par des médecins militarisés. Il y en a à Paris des milliers qui ne sont pas employés et qui du jour au lendemain pourraient l'être.

Sous la direction militaire des chefs du service de santé, dont on ne saurait trop louer le dévouement constamment contrarié par des bonnes volontés sans mandat et sans compétence, les blessés seraient amenés à des ambulances de dépôt où un personnel *qui est prêt à se mobiliser* les attendrait ; ce même personnel assurerait le service des trains sanitaires et des ambulances de gare. Du jour au lendemain, avec peu d'argent, ce service peut être assuré.

Loin de supprimer les organisations existantes de la Croix-Rouge, mais en fournissant aux cadres *instruits et compétents* des soldats d'un dévouement et d'une subordination admirables, on aurait constitué ainsi, sous les ordres du service de santé militaire, une armée qui se prêterait à secourir le plus rapidement possible, grâce à une éducation appropriée et à une formation disciplinée, nos enfants blessés.

Cette armée est prête. Que le gouverneur lance un ordre de mobilisation : pour Dieu et la France, une armée se lèvera, digne de l'autre, celle qui se bat.

Le Gaulois, 28 septembre 1914.

POUR LES FEMMES

C'est le 18 août que j'ai lancé aux lecteurs de l'*Echo de Paris* un premier appel. En un mois, ils nous ont apporté près de vingt-cinq mille francs. En un temps comme celui où nous vivons, ces vingt-cinq mille francs en valent deux cent cinquante mille des jours pacifiques. Ils ont été l'offrande des Pauvres aux Pauvres, et à chacune de ces pièces de métal s'attache un peu d'amour. Après une enquête sérieuse, le *Secours National*, que préside mon éminent confrère de l'Académie des Sciences, M. Appell, nous a accordé, comme consécration de notre œuvre, une subvention modeste. De la façon dont nous fonctionnons depuis un mois, nous avons la certitude de pouvoir continuer autant qu'il faudra, dans les locaux que l'on veut bien continuer à mettre à notre disposition, 15, rue de la Ville-l'Evêque. C'est assez. D'autres misères, d'autres besoins solliciteront les lecteurs de l'*Echo*. La souscription *Pour les Femmes* est close. A tous ceux qui y ont coopéré, nous disons merci du fond du cœur.

Écho de Paris, 1ᵉʳ octobre 1914.

POUR LES BLESSÉS

LE MAL

Le Service de Santé, tel que nous le voyons fonctionner, est défectueux, mais ce n'est pas le Service de Santé de Paris.

Paris, le camp retranché de Paris, a son Service de Santé autonome, destiné à secourir les blessés du camp retranché de Paris. Mais de blessés, le camp retranché n'en a pas.

Les blessés qui passent dans la banlieue de Paris, qui traversent Paris, et dont un certain nombre ont été hospitalisés à Paris, soit au Val-de-Grâce, soit à l'hôpital Villemin, soit à certains hôpitaux auxiliaires, sont des blessés des diverses armées combattant sur les lignes Oise, Aisne, Meuse, Vosges, et dont les centres d'hospitalisation ne sont pas et ne peuvent pas être Paris.

Donc, la première condition qui s'impose aux

gens de bonne foi pour juger le Service de Santé, c'est d'exclure de toute critique le Service de Paris qui assiste impuissant et désarmé à des agissements qu'il déplore, qu'on lui impute parce qu'ils se produisent sur son territoire, mais dans des parties de son territoire qui, selon l'expression diplomatique, sont *exterritorialisées*.

Prenons les choses telles que les règlements les ont faites, sans accuser personne, sans critiquer personne, car les événements ont été plus forts que les prévisions les plus pessimistes. Il a fallu compter avec la multitude des blessés, avec les difficultés du transport, avec le manque de personnel, avec l'absence des ressources.

Mais voyons comment, sur le papier, le fonctionnement est prévu : chaque armée a son Service de Santé autonome dont le chef réside vraisemblablement au point d'aboutissement des trains sanitaires amenant les blessés du front, par étapes successives, comportant chacune ravitaillement et pansement ; les grands blessés, selon la nature de leurs plaies, étant évacués au loin par l'arrière, ou conservés presque sur place. Il est des blessures qui se cicatrisent d'elles-mêmes si l'on ne bouge pas le patient, qui le tuent si on le remue.

Ces diverses stations doivent comporter, de

même que les trains sanitaires, un personnel
hospitalier qui, sauf les cas d'urgence, ne doit
pas toucher aux pansements faits par les majors
dans les ambulances du front, mais qui doit
laver les blessés, les sustenter, les nourrir, les
abreuver. Ce personnel ne doit prendre d'initiative que dans ce rayon très étroit; il doit être
absolument subordonné, mais à condition qu'il
sache à qui il doit obéir.

Continuons : de gare en gare, des divers points
du front, les convois sanitaires d'une même
armée aboutissent à la gare régulatrice de cette
armée, et de cette gare les blessés doivent être
répartis, selon les disponibilités, dans les hôpitaux permanents ou auxiliaires de la région assi-
gnée à cette armée. Ainsi, les convois sanitaires
de la. Nᵉ armée seront en droit dirigés sur la
Bretagne, et l'on doit faire connaître chaque
jour à la gare régulatrice les places vacantes
dans chaque hôpital : il ne doit *sur le papier* y
avoir ni tâtonnement ni double emploi.

Voilà qui est parfait et le règlement a tout
prévu. Le schéma qui y est annexé donne,
moyennant des signes conventionnels, le spectacle mirifique d'une organisation idéale défi-
lant devant le spectateur comme un film merveilleusement monté. La réalité est tout autre.

Rien à reprocher au Service de Santé si les blessés sont relevés tardivement; s'ils sont sur la ligne de feu et dans les tranchées, ils ne peuvent ni se transporter ni être transportés sans un danger évident pour leur vie et pour la vie de leurs porteurs. Il faut donc attendre que le terrain soit gagné. Pour certaines blessures à la tête, aux intestins, à la poitrine, l'immobilité, l'abstinence sont éminemment favorables. Pour les blessures aux membres, cette attente est épouvantable et elle peut être très pernicieuse, mais au moins est-elle préférable à la mort.

Ce n'est qu'à partir du moment où les blessés sont relevés par des brancardiers de bonne volonté que l'on pourrait critiquer le Service de Santé. Encore, comment le critiquer? Voici les brancardiers : il en est de maladroits, il en est qui font à leur tête, il en est qui, pénétrés de leur importance, se croient au moins docteurs en chirurgie : la discipline est le moindre de leurs soucis, et, même s'ils ont de bonnes intentions, ils excellent à se rendre insupportables. Ils n'offrent souvent aucune garantie, et l'on en a vu qui se sont improvisés chefs d'équipe pour des raisons qu'il conviendrait au moins d'éclaircir, car ils ont l'âge de toutes les mobilisations; ils affrontent des fatigues singulières, sans être le moins du monde hors de service, et l'on se demande en vérité pourquoi ces bonshommes trépidants affublés de costumes étranges et de plus étranges décorations, ne sont pas dans le rang. Quiconque se présente pour être brancardier à l'avant devrait, après un sérieux examen de sa situation militaire et une enquête sur sa moralité civile, contracter par écrit un engagement, se soumettre aux lois militaires, se présenter à toute réquisition, obéir sans discuter et au besoin être passible des mêmes punitions que les soldats. Et voilà pour les brancardiers.

A l'ambulance la plus proche du front, les pansements sont faits; mais les blessés ne sont ni restaurés, ni lavés, ni approvisionnés de tabac. On les dépose dans des trains qu'on appelle sanitaires et qui sont composés — les meilleurs — de wagons à marchandises. Certains de ces wagons, en trop petit nombre, sont aménagés selon un dispositif ingénieux qui permet aux blessés d'être couchés proprement sans être trop secoués.

Aussi, aux cantines de gare, où stationnent, avec les meilleures intentions, des dames de bonne volonté, les blessés absorbent, avec une hâte fébrile, des aliments généralement trop lourds pour leur estomac; puis, mêlent du bouillon, du

café, du vin ; ils ne refusent point et on les gave.
Alors, ils sont malades.

Aux gares de concentration, de même. Là, il
faudrait que tous, sans exception, obéissent militairement à des chefs militaires, à un commandant de place, à un major, à un adjudant,
à quelqu'un qui aurait le sens de l'ordre, de la
discipline, de la propreté, et qui rangerait chacun à son devoir, fût-ce en l'y contraignant
baïonnette au canon ; il faudrait que chacun
connût et exécutât son service, que les locaux
fussent assignés sans souci des convenances
personnelles, qu'ils fussent occupés par ceux
auxquels ils sont destinés, que l'on ne tolérât ni
les intrusions parfois suspectes, ni les paresses
déclarées. Chacun à son devoir, chacun à sa
tâche ; sous une direction unique, un effort con-
tinu et multiple, chacun faisant son affaire, mais
chacun restant à son affaire. L'initiative est
mère de l'indiscipline et son autre fille est le dé-
sordre.

Il y a dans le système actuel deux vices de
natures diverses. Le premier tient aux événements : impossibilité de ramasser les blessés,
impossibilité d'amener des trains sanitaires organisés à proximité des ambulances ; impossibilité, vu l'état des voies et leur encombrement par

les trains de ravitaillement, d'obtenir un rendement régulier ou un horaire à peu près fixe pour les trains de blessés ; voilà la part des impossibilités.

Reste la part des possibilités, de ce que la bonne volonté de tous peut faire, si tous les moyens se trouvent réunis sous la même autorité, qu'ils soient militarisés, disciplinés et commandés. J'y reviendrai.

On riait, l'autre jour, de ce qu'à un hôpital militarisé, le major avait dit à une dame infirmière peu disciplinée : « Vous me ferez quatre jours ! » Pour le salut des blessés, qu'il y ait beaucoup de majors comme celui-là !

Le Gaulois, 4 octobre 1914.

POUR LES BLESSÉS

LE BIEN

J'ai montré qu'il fallait organiser avec des éléments disciplinés et volontaires quatre échelons : 1° Cantines de l'avant, destinées à sustenter, abreuver, laver, soigner — les pansements à part — le plus près possible du front, les blessés amenés par les brancardiers militarisés.

Il faut que ces équipes restent au point fixé par le médecin principal, sans craindre les retours offensifs de l'ennemi, l'état d'abandon des lieux, les bombes égarées ou non ; qu'elles apportent ou préparent des boissons chaudes, du linge, des couvertures, au besoin des aliments. Elles ne doivent avoir peur ni des hommes, ni du fer, ni du feu. Elles doivent se suffire à elles-mêmes, remplir leur tâche dans un local de fortune et tout donner aux blessés, tout ! tout ! jusqu'à leur vie.

D'autres équipes monteront dans les trains : terrible tâche. Sur la haute et unique planche qui sert de marchepied aux wagons de marchandises, il leur faudra se guinder à chaque station avec les provisions nécessaires pour alimenter les blessés selon les instructions du médecin, pour leur verser des boissons chaudes, pour les laver, pour desserrer peut-être les pansements de fortune, et elles leur prêteront alors les soins maternels que peuvent seules donner, sans répugnance et sans curiosité, celles qui ont consacré leur existence au sacerdoce de la charité.

Et, l'on peut en être certain, celles-là ne *flancheront* pas. Onze heures auront beau sonner, et même les douze coups de midi, elles ne se trouveront point pressées par leur déjeuner et ne se rueront point vers leur auto. Elles feront comme les trois vieilles, très vieilles Sœurs de Saint-Vincent de Paul que j'ai vues avant-hier en une gare et qui, ayant à peu près seules assuré le service durant que l'on causait, discutait, potinait autour d'elles, parurent vraiment délivrées lorsqu'on les eut abandonnées dans la grande cour, sans plus s'en inquiéter que du linge sale. Et alors, trottant menu, et aussi vite que permettaient leurs vieilles jambes, elles se multiplièrent, tirant leurs brocs remplis de café, portant des verres, coupant le fromage de Gruyère, enduisant de pâté de foie des tartines à l'infini, puis, par un effort inouï de charité, dressant leurs vieux corps sur les marchepieds et faisant leur distribution. Elles n'avaient pas autre chose à donner, et l'on eût pu en être surpris, mais de quel cœur, avec quels mots, elles faisaient leur aumône ! On eût dit qu'elles avaient retrouvé dans ces blessés les petits garçons qu'on leur a enlevés, et qu'elles avaient repris dans les cantines les classes interrompues.

Ah ! vieilles ou jeunes, laissez-les faire ! Le vent aura beau gonfler autour de leur tête chenue ou enfantine les ailes de leurs cornettes ; la pluie, la neige auront beau tremper leur robe de bure toute pareille aux capotes de nos soldats, elles bondiront sur les marchepieds, elles entreront comme un rayon de soleil dans les noirs wagons ; elles feront le ménage, elles redresseront du coup d'une main experte les têtes courbées ; elles donneront les soins qu'il faut aux blessés retournés par des côtés à l'enfance ; de la cuisine installée dans un wagon, peut-être, grâce à des *thermos* qu'on pourra d'autant mieux requérir que beaucoup sont de fabrication allemande, elles distribueront des cordiaux, en évitant soigneusement le vin. Le vin, prodigué par des bonnes volontés inintelligentes, a tué un grand nombre de blessés; ces distributions nocives seront arrêtées et heureusement supprimées si les blessés sont alimentés et abreuvés dans les trains. Alimentés, pas au pâté de foie et encore moins au fromage d'Italie! Il y a là de quoi donner des indigestions à l'éléphant de la Bastille. N'est-ce pas de cela qu'il a crevé?

Moyennant cette organisation des trains, les blessés arriveront à la gare régulatrice dans un état relatif de bien-être et de propreté. Alors, pourra-t-on s'assurer des blessures et, selon les cas, évacuer les patients sur tel ou tel hôpital ; on saura les places disponibles ici ou là ; on consultera les situations, avant d'ordonner les mises en route, et l'on ne verra plus de malheureux garçons, errer de Paris à Guingamp, de Guingamp à Paris et de Paris à Besançon ou à Marseille.

Dans le train d'évacuation, il y aura encore des équipes et ce sera seulement au seuil des hôpitaux désignés que la tâche sera terminée.

Pour réaliser cette organisation que faut-il? Du personnel? Il est prêt. Du matériel? On en regorge. De l'argent? Si l'Etat n'en donne pas, la nation ne le marchandera pas.

Il s'agit de cent mille, peut-être quatre, cinq cent mille Français, à restituer au pays. — Et des Français, messieurs les parlementaires, ça paye l'impôt. Vous pouvez bien leur faire une avance. — Ils ont déjà payé avec du sang. Mais, pour vous, cela compte-t-il?

Le Gaulois, 6 octobre 1914.

POUR LES BLESSÉS

Avec la magnificence de sa parole, l'élan de son cœur, l'irrésistible coopération de la nation, Albert de Mun a obtenu pour les prêtres le droit de bénir au champ d'honneur et d'y mourir. En même temps que, dans le rang, quantité, faisant le métier de soldats, se trouvent donner l'exemple à leurs camarades et même à leurs chefs et que s'affirme ainsi, dans des conditions faites pour surprendre les auteurs de la loi militaire et de la loi de séparation, l'admirable patriotisme du clergé national, des prêtres que n'atteignait point la loi de recrutement obtinrent d'aller, avec les soldats, vivre de leur vie, les préparer au combat, les consoler dans l'agonie, les absoudre dans la mort, et, on peut l'affirmer sans crainte d'être démenti, jamais une telle unanimité des volontés chez des hommes qui n'étaient point préparés à être soldats n'attesta une telle confiance aux promesses divines ; jamais une telle résignation aux souffrances ne s'allia à un tel courage chez des êtres arrachés tout à l'heure à la charrue, au comptoir, à l'usine, et transportés subitement dans le pays de la mort. Cela est unique, et cela n'est dû qu'à la vague de foi qui a porté à la hauteur des sacrifices suprêmes les générations dont ceux qui aiment le plus, profondément leur pays n'eussent jamais attendu de telles merveilles. Ils votaient pour les laïcisateurs et ils leur donnaient la majorité dans les Chambres. Ils sont à présent, comme la France entière, attentifs aux voix qui parlent d'en-haut, qui parlent de Dieu et de la Patrie et qui évoquent les suprêmes espoirs.

Qu'on ait admis les prêtres sur la ligne de feu, dans les ambulances de l'avant, même dans les hôpitaux de la zone des armées, cela est bon. Mais le blessé n'y reste point : on l'évacue, mal que bien, sur l'arrière ; après un terrible voyage dont il faut espérer qu'on va lui adoucir ou lui supprimer quelques étapes, il arrive dans une ville, la ville où les soins vont enfin lui être distribués, — les soins du corps, car, pour ceux de l'âme, c'est une autre affaire.

Petit soldat, on t'a laissé croire que tu avais

une âme, tant que par là tu devenais plus brave, et que la foi en la vie éternelle te disposait à sacrifier ta vie mortelle : apprends à présent que tu n'as point d'âme. Tu peux le croire si tu veux, mais c'est mal porté. Tu pourras, si tu apprends positivement que tu es en danger de mort, requérir la présence à ton chevet d'un prêtre de ta religion, mais il faudra que tu fasses une demande sur papier timbré, selon la formule prévue par le règlement, et que ta demande suive la voie hiérarchique ; cela sera bon pour une fois ; si le lendemain ou le surlen- main tu n'es pas mort, tu renouvelleras ta demande si tu veux encore voir un prêtre, car il faut bien que ta volonté soit libre, petit soldat, et, dans ton agonie, il ne faut pas que des prières viennent se mêler à tes râles.

Sait-il seulement, ce petit soldat, qu'il peut demander un prêtre? Basque, Breton, Alsacien, Provençal, accouru des extrémités de la France, peut-être des lointaines colonies, peut-il se douter que, dans la ville de sainte Geneviève et de saint Louis, Dieu est tenu à la porte des salles où l'on meurt? Peut-il se douter qu'on n'a si forte- ment souhaité remplir de blessés les hôpitaux de l'Assistance publique que pour leur appliquer aussitôt le régime de la laïcisation obligatoire?

Il faut que, dans les salles qu'ils emplissent de leurs souffrances muettes et de leur résignation passive, les blessés voient, à des jours, passer lentement la soutane du prêtre. Le prêtre ne parlera point si on lui impose le silence ; mais il sera là et les blessés le sauront et leurs cœurs bondiront vers lui. Craint-on que rouge, violette ou noire, la soutane ne soit pas aseptique ? eh bien ! le prêtre la couvrira d'un camail blanc ; il empruntera au père des fidèles un morceau de sa soutane et l'on saura bien le reconnaître.

Il est celui qui ne fuit pas, il est celui qui ne se dérobe pas, il est celui qui ne passe point devant la porte des contagieux, il est celui qui n'a point peur.

Et ce n'est vraiment pas un mauvais exemple à donner — même dans les hôpitaux de l'Assistance publique.

Écho de Paris, 14 octobre 1914.

SUNT LACRIMAE RERUM

Dans la morne tristesse des brouillards, en ces jours de Brumaire, une plainte de partout s'élève ininterrompue, et déchirante, et c'est la plainte des Rachel qui pleurent leurs fils et qui ne veulent pas être consolées. Et sur cette plainte continue, dont le chœur s'élève ou s'abaisse selon les instants, d'autres sanglots se superposent, formant comme les chants douloureux de cette mélodie funèbre.

Les mères, les épouses, les petites filles qui ne savent point comprendre, suivent dans le brouillard les funèbres cortèges. A travers les rues populeuses, elles vont, saluées par le coup de casquette des garçons, par le signe de croix des filles. Elles vont indéfiniment, sans savoir où on les mène, car elles arrivent tout droit de lointaines campagnes. Sur une dépêche, elles sont parties, elles ont voyagé tout un jour et toute une nuit, elles sont venues à l'hôpital, on

leur a dit qu'Il était mort, qu'elles ne le rever-
raient jamais, qu'on allait l'enterrer ; elles ont,
dans une boutique du quartier, acheté un chapeau de crêpe noir, et, sans savoir où on les
conduit, elles suivent à présent cette bière faite
de six planches de bois de peuplier, minces
comme des feuilles de papier.

Où vont-elles ? Que leur importe ? Elles vont
où va le douloureux cadavre qu'elles n'ont pas
même pu reconnaître, qu'elles ne savent celui
de leur fils ou de leur mari que par des écritures
qui peuvent être mensongères, et où il est si facile,
n'est-ce pas ? de se tromper. Pourtant, elles
marchent. Il faut bien, tant de messieurs importants et galonnés leur ont assuré que c'était Lui.
Elles marchent, d'un pas qui ne peut être ralenti,
car les heures sont brèves, et il faut arriver au
cimetière avant la nuit ; elles marchent, épuisées
et vacillantes, la tête basse sous les voiles inha-
bituels. On sent leur misère si douloureuse
qu'elle ne trouve point de paroles et qu'elle n'a
plus même de larmes. Elles ont été de l'ambulance à l'église, elles ont entendu les prières,
elles ont jeté l'eau bénite et elles marchent sans
savoir, allant vers un lieu inconnu. Mais, ce
lieu inconnu, elles savent que c'est le champ de
l'éternel repos.

Et après la barrière, où l'escorte militaire s'est arrêtée pour un salut suprême, on est entré dans les terrains désolés de la zone; on a traversé les larges avenues entre les maisons basses au long desquelles rôdent des soldats infirmiers ou des soldats bouchers, des filles en cheveux, des enfants qui jouent à des jeux bruyants, et on marche, on marche comme en rêve. A la fin on tourne à droite, on est arrivé, et c'est une plaine, hier dénudée, qu'on trouve devant soi, une plaine où, en quelques jours, ont surgi des centaines et des centaines de croix de bois noir sur lesquelles fleurissent au milieu des palmes d'immenses fleurs rouges et bleues. Aussi loin que s'étend le regard dans le jour qui s'abaisse, ce sont ces croix et ces couleurs bruyantes; la terre si maigre, si pauvre, avec le cran tout près, et un peu de sable en surface, est choisie à dessein. Inutile de mettre les morts dans de la bonne terre, épaisse et grasse, celle qui porte les moissons dorées. Le cercueil descend dans le trou: le fossoyeur présente sur une petite pelle quelques cailloux et un peu de poussière qu'on jette sur les planches. Et c'est fini.

Les pauvres femmes suivent encore le corbillard vide; elles semblent s'y accrocher; elles arrivent à la porte du cimetière dans la nuit.

Elles ne savent où aller et regardent avec des yeux hagards cette longue route qui ne peut plus les mener nulle part.

... Et dans l'angoisse qui vous étreint alors, on pense que, dans chaque ville, chaque village de France, il y a, à ce même moment, des mères, des épouses, des enfants qui pleurent, et qu'il faut que cela soit, si la France veut vivre, si elle veut se soustraire à une tyrannie dont on voit à présent les effets, dont on peut juger les sinistres conséquences. En moins d'un demi-siècle, cette tyrannie a fait de l'Allemagne rêveuse, intelligente, lettrée, amie du beau, du bien et du vrai, un repaire de bêtes carnassières, qui ne peuvent être rassasiées que par les pleurs de toutes ces femmes, le sang de tous ces jeunes gens. Et du champ des morts monte dans la nuit, avec la plainte ininterrompue des mères, le chœur grandiose de ceux qui se sont sacrifiés et qui sont morts pour la patrie.

Excelsior, 1ᵉʳ novembre 1914.

L'OUVROIR

C'était un luxe que peu de gens pouvaient s'offrir, un ouvroir : on s'en est aperçu. Au début, vers le mois d'août, dans toutes les rues, sous des drapeaux blancs à croix rouge qui claquaient au vent, des bandes de calicot ornées aussi de croix rouges annonçaient, dans une maison sur trois, l'ouverture d'un ouvroir, l'ouvroir de ceci, de cela et encore d'autre chose. On y travaillait peu, presque autant qu'on était payé. On y parlait beaucoup ; on s'y montait la tête ; on y faisait aux jeunes filles bien élevées qui, faute de savoir où manger s'y égaraient, des farces que certaines qui les faisaient trouvaient désopilantes ; les propos eussent eu besoin de dessaler trois mois pour être tolérables et l'on retournait en actions à ce goût d'ordures qui faisaient les délices de quantité de bons Français il n'y a pas un siècle et qui, paraît-il, en ravit encore plus qu'on ne pense.

Dans quelques ouvroirs où l'on entend faire observer une tenue correcte, quelqu'une des initiatrices ou des protectrices accepte la tâche de lire à haute voix : quelle tâche ! D'abord il faut choisir le livre à lire, qu'il soit intéressant, qu'il soit décent, qu'il soit à la portée intellectuelle et morale des auditrices. Repassez en esprit les livres que vous connaissez et dites quels remplissent les conditions de ce programme. Car il faut bien, pour être écouté par ces filles de Paris, un brin d'amour, d'un amour qui soit sentimental, et il faut que l'expression en demeure parfaitement chaste. Et puis il ne faut pas que ce soit trop long, il ne faut pas qu'on ait à remettre constamment la suite à la prochaine séance. En vérité, des contemporains, il n'y a guère que Bazin avec *les Oberlé* et Barrès avec *Colette Baudoche* qui réussissent pleinement.

Les lectures étant gratuites, et les livres étant prêtés, cela ne charge point le budget; mais il y a les frais généraux : chauffage, éclairage, salaire plus élevé des appareilleuses qui taillent et coupent; il y a le salaire des ouvrières travaillant à l'ouvroir; il y a le salaire des ouvrières travaillant chez elles; il y a l'achat des matières premières qui doivent être confectionnées.

La plupart des ouvroirs s'étant recommandés d'une des Associations de secours aux blessés devaient aux associations qui les patronaient tout le linge qu'elles manutentionnaient. Donc aucune vente, ancun profit ; mais les salaires courant toujours et les matières premières augmentant sans cesse, alors les ouvroirs dont les tenanciers n'avaient pas les reins très solides ont dû peu à peu fermer leurs portes : c'étaient dix, quinze, vingt mille francs qu'on avait dépensé. *Sat prata biberunt.*

Mais voici le curieux : il s'est trouvé depuis quelques semaines assez de travail utile et rémunéré pour absorber les ouvrières de la plupart des ouvroirs fermés. Ce n'est pas à conclure de là à une reprise des affaires ; mais il y a beaucoup des commandes du Ministère de la guerre qui ont dû employer beaucoup de femmes et sans doute ces femmes les préfèrent-elles à l'atelier de charité : avec cet admirable orgueil qui porte la Parisienne, beaucoup se sentent humiliées à gagner un salaire même de famine par un travail qu'elles ne jugent point sérieux. Elles s'y sont résignées, mais dès qu'un atelier s'ouvre, elles y courent, dût le labeur être plus âpre et la tâche plus longue.

Et de là, de cette fermeture des ouvroirs à

laquelle ne correspond pas une recrudescence dans les demandes, on peut, pour la première fois, conclure à un commencement de reprise dans le travail féminin.

Puisse cela être vrai! Car à quatre-vingt-quinze jours la traite devait être protestée, ou payée.

Écho de Paris, 5 novembre 1914.

VERS LE CIMETIÈRE

A force de parcourir les mêmes rues, de
suivre le même chemin qui semble intermi-
nable, les yeux se sont familiarisés à certains
coins de rues, à certaines boutiques, à certaines
enseignes : *Allons chez Jules, Allons chez Ernest
l'Enfant de la Lorraine.* Elles ont accroché de
vagues tonnelles sur la route poussiéreuse, où,
paraît-il, on croît être à la campagne. N'ai-je pas
entendu un brave homme que je connais de la
Villette me dire au moment de la Toussaint :
« Oui, je suis venu passer trois jours à la campagne, chez ma fille ». Et c'était à l'entrée du
cimetière, à Pantin.

Assurément cette rue de Flandre, avec la
route de Flandre qui la prolonge, est demeurée,
malgré les hautes et prétentieuses maisons qu'on
y construit et où certains architectes s'efforcent,
sous prétexte de modern-style, à plagier l'Art

munichois, cette rue, comme la rue de la Chapelle toute voisine, est restée profondément parisienne. C'est là qu'il faut se réfugier pour trouver encore quelque spectacle qu'ont pu voir nos yeux d'enfants. Toute notre ville a disparu, maison à maison, sous le sinistre effort des démolisseurs patentés; la Villette étant à l'est de Paris a moins subi l'invasion et moins goûté la destruction. Il y a des étroites boutiques, comme dans une toute petite ville de province, où l'on vend des sucres d'orge, du pain d'épice, des confiseries sans nom. Jamais, semble-t-il, personne n'y entre; une femme âgée et triste se tient à la porte inviolée et fait un grand signe de croix au passage du corbillard. Il y a, par centaines, des boutiques de boulangers, avec des pains fendus contre la vitre; quelques vagues brioches sur le comptoir. Très peu de bouchers, mais des charcutiers. Çà et là des papetiers, marchands de journaux, fournisseurs d'intellectualité; quantité de pharmaciens; et puis, à des distances si rapprochées qu'on ne se l'explique pas d'abord, des horlogers. Assurément, ils ne sont point qu'horlogers; ils vendent des bijoux et ils doivent en fournir à Méphistophélès, lorsque cet Allemand sert d'introducteur près de Mme Paquerette à M. le docteur Faust, membre de l'Académie de Gœttingue et professeur notoire. Assurément la montre qui se remonte et dont les aiguilles marchent joue un rôle considérable, et de même le mobilier Henri II qui attire encore des amateurs, et les admirables bottines au vernis impeccable et aux semelles d'un blanc de lait. Un de mes amis ayant affaire à l'un des fabricants de ces admirables bottines, l'avait été trouver un jour de pluie torrentielle. L'homme, à la fenêtre, contemplait avec une satisfaction visible la pluie qui tombait, roulait, fouettait, couvrait la chaussée, s'épandait en nappe sur le trottoir; il méditait et, à la fin, il dit : « Bon temps ! Monsieur, bon temps, pour les marchands de chaussures ! »

Tout cela revient, passe devant les yeux. Aux portes, aux fenêtres, dans les chambres à l'intérieur des maisons éclairées à cause du brouillard matinal, les femmes, toutes les femmes se signent. Je sais, je sais : Jules Soury disait que c'était un geste atavique; Gabriel de Mortillet a publié un volume : *Le Signe de la Croix avant le Christianisme*, orné de 127 gravures; n'importe, ce n'est point par atavisme, et pas davantage pour faire plaisir à M. de Mortillet, que ces femmes, toutes ces femmes se signent et plutôt deux fois qu'une. C'est que le passage continuel des morts, et des morts glorieux, qu'on est obligé de remarquer, qu'on regarde en interrompant sa besogne, qu'on regarde parce qu'il y a sur le cercueil au poêle tricolore, des couronnes et des palmes ; qu'on regarde parce qu'autour flottent des drapeaux et que des deux côtés marchent des soldats en armes ; c'est que le passage de ces morts évoque et précise les fins suprêmes ; de là à une forme cultuelle, comme disent ces messieurs ; de là au signe qui affirme la Religion d'enfance et le Catéchisme.

On a vu des âmes revenir de plus loin.

Écho de Paris, 11 novembre 1914.

LES CURÉS, SAC AU DOS!

Eh bien! ils le portent, le sac, et ils manient le fusil, et ils ont saisi l'épée. Ils ne se servent point si mal de l'un et de l'autre, et, pour n'être point ensoutanés, ils n'en gardent pas moins leur double caractère. Ils combattent à la tête, et, si avant de frapper les grands coups, ils passent l'épée dans la main gauche, c'est que, de la droite, ils bénissent ceux auxquels ils vont apprendre comment on meurt.

Étrange retour! Les personnages qu'a conjurés contre la Religion le sectarisme de la Matière ont pensé lui porter le plus rude coup en contraignant ses ministres, quels qu'ils fussent, à entrer dans l'armée et à y faire des périodes d'exercice. Envisageaient-ils que cette armée dût servir à la guerre? Il est permis d'en douter. On a pu juger, à l'attitude de certains d'entre eux, qu'ils étaient disposés à accepter toutes les capitulations, à subir tous les jougs, pourvu qu'ils conservassent la disposition de l'influence financière de la France; mais leurs misérables combinaisons ont échoué. Un jour est venu où la nation s'est trouvée, comme Hercule, placée au carrefour de ses destinées. Deux routes se présentaient : l'une qui, par le déshonneur immédiat, menait à l'anéantissement; l'autre qui, par la gloire, conduisait à la vie. Malgré ceux qui prétendaient l'attirer dans leur voie d'infamie, elle a préféré la première, et, tout entière, sans regarder derrière elle, sans consentir à savoir que des traîtres l'avaient désarmée, sans rechercher à quels desseins on avait employé l'argent qu'elle prodiguait depuis quarante-quatre ans pour acheter au moins les instruments de sa défense, la France s'y est jetée, tambours battant la charge et drapeaux claquant dans la brise.

Par la violation des traités les plus solennels que l'Europe eût négociés, signés et jurés, l'ennemi s'est jeté d'abord sur un territoire dont il avait proclamé la neutralité et qu'il croyait qu'on ne défendrait pas; pour gagner du temps et parce que cela lui était plus commode, il a aboli le droit des gens, et il a renié sa signature. Pour le droit et la justice, un peuple de sept millions d'âmes s'est sacrifié : il a barré la route au Barbare. Sous la tempête de fer qui l'a écrasé, dans le feu qui a détruit ses monuments et ses trésors, il a fait face aux bourreaux — car ce ne sont pas là des soldats — et, dans l'intrépidité de son étonnante résistance, il a appris aux vainqueurs de Duppel que, si la force amène d'éphémères triomphes, il est aussi des revanches pour le droit.

Ce peuple que la violence a opprimé est un peuple éminemment chrétien, et, par là, cette guerre a pris tout de suite le caractère d'une guerre religieuse. Ce n'est pas leur patrie seulement que les Belges défendent, c'est leur foi. Ce ne sont pas seulement les trésors des banques de Bruxelles et d'Anvers que les Prussiens luthériens veulent voler, ce sont les trésors des Universités de Louvain qu'ils prétendent détruire ; parce qu'il reste beaucoup du prêtre apostat et relaps chez les descendants d'Albert de Brandebourg, qu'ils se tiennent pour des prophètes qu'illumine l'Esprit et qu'ils font parler par leur bouche « leur vieux bon Dieu » — leur Jehovah qui a des airs d'Odin.

En mourant pour le Droit, les Belges ont donné aux Français le temps d'être presque prêts — et quels Français marchèrent des premiers, quels donnèrent l'exemple, quels se firent tuer sans barguigner, tout de suite, quels méritèrent des épaulettes et des croix? Les curés!

Les voilà sac au dos, les curés, et bientôt ce sac, les grands chefs le leur font déposer : dans le péril suprême, il faut des officiers, il en faut beaucoup, car on en tue beaucoup. Et voilà les curés à la tête des sections, des compagnies — qui sait! s'il en reste, des régiments. Ils vont, d'autant plus braves qu'ils sont doux : *beati mites,* et s'ils manquent de quelque instruction militaire — ce qui s'acquiert vite — on se rappelle la réponse du général Bonaparte au citoyen représentant Aubry — ils ont ce qui ne s'acquiert pas : le mépris de la mort, en croyants qu'ils sont, puisqu'ils sont des prêtres. Cela suffit pour en faire des chefs, quand il s'y joint à la vaillance française, la confiance inébranlable dans la justice d'une cause qui est celle même de la civilisation catholique.

Je pensais à toutes ces choses en apprenant la mort héroïque d'un lieutenant d'infanterie : l'abbé Marraud. Il avait cédé tardivement à une vocation déjà ancienne et il achevait à présent ses études à Saint-Sulpice. Passionné de musique, il comptait vivre plus tard, près d'une sœur bien-aimée, dans un presbytère de campagne, entre Dieu, ses ouailles et son orgue. Il était l'arrière-petit-fils du bâtonnier Boinvilliers, qui fut président au Conseil d'État sous Napoléon III; són père, officier de vaisseau, avait été trésorier-payeur sous la République. Rien ne le disposait à la vie religieuse : il fut emporté par ce même courant qui, dans notre bourgeoisie, fit pour l'Eglise de si nombreux prosélytes et lui assura pour constituer ses cadres, au moins dans les grandes villes, une élite intellectuelle venue par conviction à la pauvreté apostolique.

L'abbé Marraud était prêtre, mais, fils de soldat, il trouva en lui-même toutes les qualités de décision et d'entraînement qui font le chef, en même temps qu'il y joignit le mépris de la mort qui fait le héros. On l'avait promu lieutenant : il est tué.

Et combien, combien avec lui! Pitoyable embuscade d'être curé! Ne pensez pas à vous faire curés, messieurs les fils à papa, qui, si soigneusement, tenez vos précieuses peaux hors des balles et des obus, au sec et au chaud. N'y pensez pas. D'abord, les avantageuses sinécures qui récompenseront vos exploits ne sont pas pour les curés, et puis, meilleure raison encore : les curés se font tuer, et c'est à quoi l'on est en droit de croire que vous ne tenez pas.

Excelsior, 17 novembre 1914.

UNE MOSQUÉE A PARIS

Chacun sait que, dans les hôpitaux auxiliaires, l'administration veille avec le plus grand soin à protéger la liberté de conscience de nos soldats mahométans. Il est interdit de se livrer à leur égard à la moindre propagande; on ne doit pas, quelque envie qu'ils en aient, leur distribuer des médailles et des scapulaires; il faut respecter en chacun d'eux les libertés proclamées par l'Assemblée constituante dans l'article 10 de l'immortelle Déclaration des Droits. Il convient qu'ils ne soient ni contraints, ni attirés, ni endoctrinés et qu'ils demeurent en leur foi native, mais cette foi implique un culte; ce culte implique des pratiques; ces pratiques exigent un temple.

Le gouvernement garantit nos soldats contre le catholicisme, mais on ne voit pas bien jusqu'ici qu'il ait fait quelque chose pour leur permettre de pratiquer leur mahométisme ; et l'on peut s'étonner qu'étant donné son empire colonial musulman, la France n'ait point érigé pour ceux de ses sujets qui veulent prier selon leurs rites un lieu de prières. Il fut question, voici quelques années, d'ouvrir une souscription pour construire une mosquée à Paris. Que devint le projet? Que devinrent les fonds? La mosquée alla-t-elle rejoindre tant de monuments évanouis et falots qui sont restés dans la poche du caissier, ou bien fut-elle de si médiocre attrait qu'il ne se présenta point de souscripteurs? Cela peut être. Dans les affaires coloniales, on recherche assez peu les spéculations morales et ce n'est point, d'ordinaire, ce côté qu'on envisage. Il s'est bien trouvé de braves gens pour imaginer les Villages de liberté, mais le but suprême n'était-il pas confessionnel et s'agissait-il, en l'espèce, de musulmans? Il y a la lutte contre l'eau-de-vie de traite dont on ne saurait nier le caractère d'humanité, mais l'eau-de-vie de traite ne fait point de victimes chez les musulmans, au moins chez les musulmans religieux, car ceux-ci n'en boivent pas. D'ailleurs, ce n'est pas d'œuvres coloniales qu'il s'agit ici, mais d'une œuvre française.

On demande à ces hommes d'Afrique de

donner leur vie pour la France, et ils la donnent libéralement, certes! Où sont les temples
où ils puissent aller se réconforter, se préparer,
par les ablutions rituelles, aux prières commandées, trouver avec certitude, en se tournant
vers le mihrab, la direction de La Mecque?
Certes, il ne s'agit point d'ériger en ce moment
un temple égal en beauté à la mosquée d'Omar
ou à la grande mosquée du Caire — un siècle
n'y suffirait point; sans doute, l'érection d'un
tel monument serait, vis-à-vis de nos soldats
arabes, un acte de reconnaissance digne de la
nation pour laquelle ils ont combattu, mais ce
serait là l'œuvre de la paix; en temps de guerre,
il suffirait de disposer quelque ancien édifice ou,
avec des planches et des feuilles de tôle, de
monter une salle où les croyants pussent se rendre. Assurément, ils auraient la ressource, s'ils
étaient députés, d'aller faire leurs ablutions à
la Seine et leurs prières sur la berge; mais ce
qui est loisible à un parlementaire ne le serait
assurément pas à un soldat, et celui qui, sé-
rieusement, par conviction, renouvellerait ce
qui n'était, semble-t-il, qu'une parade électo-
rale, risquerait fort de terminer ses actes de foi
au poste.

C'est aussi un temple que la voûte du ciel,

et pourvu qu'il puisse agir librement, sans être gêné par la curiosité des foules et les injonctions de la police, le Mahométan prononcera en plein air, avec les gestes et les prosternations obligatoires, les cinq prières rituelles; et, que ce soit place de la Concorde à cause des fontaines, ou place Vendôme à cause de Bounaberdi, il y portera la même dévotion attentive, la même foi inspirée, la même émotion communicative.

Et cet homme, ainsi pénétré par la parole de Dieu, n'aurait, pour marquer le suprême départ, ni une cérémonie, ni une prière? Ici, cela est ainsi. On ne s'est pas demandé si le Mahométan, plus certain qu'homme au monde de l'immortalité de l'âme, devait être mis en terre autrement qu'un chien crevé. On ne s'est pas demandé si le meilleur moyen de nous attacher plus encore nos soldats d'Afrique n'était pas d'honorer leurs morts comme ils seraient honorés en Algérie, en Turquie, au Maroc, dans les lointaines Afriques. Il n'est pas besoin, pour réciter les prières, du plus proche parent, de l'iman, ni même du cadi; un coreligionnaire suffit. Il n'en manque pas dans les hôpitaux. Et alors, dans cette langue chaude et puissante, on entendrait s'élever à quatre fois la puissante et décisive affirmation, le *Takbir, Dieu seul est grand*, et l'on entendrait parler d'Abraham, le confident de Dieu, et l'on entendrait invoquer, avant Mahomet, prophète de Dieu, *Jésus, le souffle de Dieu*. Car la religion mahométane est si pénétrée de christianisme, qu'il n'est pas besoin de la propagande d'à présent pour qu'on y enseigne l'Immaculée Conception de la Vierge Marie, mère de Jésus.

Et, comme on dit au régiment, c'est ça qui leur en bouche un coin aux éteigneurs d'étoiles!

Excelsior, 26 novembre 1914.

VEUVES D'OFFICIERS

Elles ne peuvent pas mendier celles-là.

Leur orgueil se révolte à raconter leur détresse, à étaler leurs plaies, à faire montre d'une misère qui diminuerait celui qu'elles pleurent. Avec lui, elles ont mené la vie de garnison, cette vie restreinte et médiocre, où tant d'habileté fut nécessaire pour tenir son rang, élever convenablement les enfants, vivre. Mais, pour dorer ces privations, l'épaulette resplendissait et le ruban jaune et vert, et le ruban rouge !

Sorti du rang, par quelle persévérance, quelle conduite, quelle bravoure, il était, de grade en grade, arrivé à la graine d'épinard ! Combien chaque frange représentait de labeurs, d'actions d'éclat, de belle tenue morale ! Une noble atmosphère de dévouement au pays échauffait le foyer autour duquel se groupaient les enfants. Plusieurs étaient nés, et on ne leur marchandait pas les vivres. Ils grandissaient, convaincus, eux aussi, qu'il n'est point de vie plus belle que la vie militaire. Ils voyaient la carrière toute tracée : La Flèche, Saint-Cyr ou l'Ecole, le but suprême : l'Ecole qui fait les artilleurs, les ouvriers suprêmes de la défense.

Le mari est parti, à la tête de son bataillon ou de sa compagnie. On vivait de la solde et les avances étaient courtes : avec les enfants, la tenue de maison, les déménagements. Il fallut bien qu'il se nippât et « l'Entrée en Campagne » y suffit à peine. La femme et les enfants restèrent dans l'ancienne garnison. On ne pouvait pas quitter tout de suite. Mais cette garnison, n'était-elle pas au Nord, à l'Est, en plein théâtre de la guerre ? Qu'on dénombre les villes, les villages même où les troupes de couverture étaient cantonnées, celles où les troupes étaient établies, des centaines de milliers d'hommes ! Et quand plus tard, l'ennemi pénétra jusqu'à l'Oise et la Marne, qu'il contourna Paris, que de fuites, que de désastres pour les pauvres femmes : le mobilier perdu, le foyer renversé, les souvenirs du passé abolis... Elles se sont réfugiées vers le Centre, traînant après elles les enfants. Elles ont trouvé un asile chez des parents, guère plus riches qu'elles ne sont. Car

M. le général André n'a-t-il point supprimé l'obligation de cette petite dot que devait apporter la femme qu'épousait un officier. Bien peu de chose : 1.200 francs de revenu, non viager; de quoi subsister au moins. Il n'y avait que la solde. Le mari avant son départ a signé une délégation, moyennant laquelle on a pu toucher quelque chose. Mais voici qu'arrive de là-bas, du champ de bataille, ce champ de bataille de deux cents lieues, dont on sait seulement qu'on s'y tue partout, cette nouvelle : « Il est mort. » Glorieusement, certes! On l'a porté à l'ordre de l'armée et ses officiers comme ses hommes l'ont pleuré. Ça, c'est de la gloire, tout le moins de l'honneur, mais du pain?

Si elle veut rechercher, retrouver le corps dans quelque ambulance, qu'elle l'emmène; qu'elle le porte dans une terre sur laquelle elle viendra prier; comptez ce que cela coûtera. Comptez les vêtements de deuil pour les enfants et pour elle. Comptez (au cas que la garnison ne fût point dans les départements envahis) le déménagement, le paiement des petites dettes, au tailleur du régiment, au sellier, aux fournisseurs divers. Avec quoi payer? Avec quoi vivre? La délégation sur la solde sera maintenue, dit-on, pendant le temps de la guerre.

Qui le dit? Ce n'est pas bien sûr, et comme elle a dû déménager, que de formalités avant de toucher le premier sou, que de démarches et combien de visages renfrognés, combien de paroles dures à affronter!

Est-ce bien sûr qu'elle touchera? Le maire d'un des arrondissements de Paris en paraissait si peu certain, que, visité par une de ces veuves d'officier — une jeune femme délicate et si profondément triste! — il la conduisit à quelqu'un qu'il croyait avoir quelque argent pour de telles misères. Mais lui n'avait pour cet emploi aucun fonds, et il ignorait si l'Etat donnait quelque chose, et ce qu'il donnait. Qui doit le savoir, sinon un maire de Paris, honnête homme et fort au courant de son service?

C'est une telle incertitude qu'il faut dissiper. Oh! je sais par expérience que la nation ne gratifie point d'une fortune la veuve et les enfants de ceux qui ont donné leur vie pour elle; mais au moins leur assure-t-elle de quoi ne pas mourir de faim. Encore faut-il que les veuves le sachent et qu'on leur dise. Veuves des officiers de carrière et veuves des officiers de réserve, veuves des sous-officiers, veuves des soldats, il ne doit point être fait de différence : toutes ont droit à une pension; toutes ont droit à la vie, car toutes représentent celui qui a donné sa vie, et si certaines misères sont plus poignantes, si certaines chutes sont plus profondes, si l'affinement des sentiments et les obligations sociales rendent certaines situations plus pénibles, n'est-ce pas qu'elle mérite aussi qu'on pense à elle, la paysanne dont l'homme est parti faire son devoir de soldat et de citoyen et ne reviendra jamais?

En vérité, voilà le devoir national. Ce n'est point à des individus de le résoudre. Ce n'est point à des groupements accidentels d'en envisager les charges. Que l'on s'occupe des plus proches misères et qu'on les soulage du mieux qu'on peut, cela est bien, mais les veuves et les orphelins de nos soldats appartiennent à la France : c'est à la France de les adopter; c'est à elle d'assurer leur sort, et le premier acte d'une Chambre consciente de son devoir envers le pays devrait être de proclamer solennellement cette adoption et d'y pourvoir.

Si l'on ne peut point payer leur vie, au moins qu'on paie leur deuil.

Excelsior, 8 décembre 1914.

LES MORTS

Quand un blessé entre dans un hôpital auxiliaire bien tenu, aussitôt après qu'on a pu obtenir
quelque indication sur son nom et sur son village,
on écrit au maire pour qu'il prévienne la famille.
Une fois sur dix, au moins au début, le blessé
avait conservé sur lui sa médaille d'identité et,
quant à des papiers, à un livret, il en avait eu
peut-être, qui sait ? C'est donc par des questions
patiemment répétées qu'on arrivait, dans le
brouillard qui envahissait son pauvre cerveau,
à éveiller quelques souvenirs, à tirer quelques
mots précis. A présent, les blessés arrivent plus
vite, mieux pansés, moins gravement atteints,
peut-être ; frappés dans la tranchée, ils n'ont pas
été dépouillés, ils n'ont pas été déshabillés à la
hâte, risque à arriver à la gare de Pantin ou
d'Aubervilliers quasi nus, n'ayant plus dans
leurs haillons aucun papier. Le douloureux

interrogatoire se trouve donc abrégé. On n'a plus à se pencher durant des minutes, qui semblent des heures, sur ces pauvres êtres pour leur arracher leur secret. L'on peut, avec plus de calme et plus de sécurité, écrire ou télégraphier. On a plus de chances d'atteindre la famille et de lui apporter, avec la douloureuse nouvelle, la consolation de revoir celui qu'elle aime, de lui dire adieu, de lui rendre les suprêmes devoirs.

Plus de chances. Aucune certitude : on dépend ici de bonnes volontés qui se produisent plus ou moins. Il arrive que le domicile inscrit au livret ne soit plus le domicile du blessé, ou bien que le facteur télégraphiste remette la dépêche à un homonyme, même à un parent qui ne juge pas à propos de s'émouvoir. Un télégramme, deux, trois télégrammes sont adressés à un nommé F..., pour lui annoncer le décès de son fils. Les télégrammes sont remis au frère du défunt qui, par téléphone, avise la veuve et qui va lui-même faire part à son père. Et puis tous trois en restent là...

En pleine Auvergne, les voyages en hiver, de hameau à village et de village à station, peuvent être difficiles et le billet de chemin de fer coûte cher, malgré le demi-tarif. Mais c'est affaire de famille. L'avis est arrivé ; à la vérité, ce n'est point le maire, auquel il était adressé, qui l'a reçu et qui l'a communiqué ; mais il y a là un de ces mystères insondables qu'on essayerait en vain de percer et, après trois à quatre lettres, il a bien fallu y renoncer.

Au moins ici y a-t-il mystère : ailleurs il n'y en a aucun. C'est le télégraphiste, le facteur généralement, qui, conscient de sa mission de porte-nouvelles, répand gratuitement celles qui lui parviennent : ainsi apprend-on qu'un tel est mort, de même qu'en temps de paix on apprenait qu'un tel allait se marier, qu'il attendait sa fiancée et qu'il avait commandé un succulent dîner ; le village en connaissait le menu et les convives, et cela nourrissait au moins la chronique. A présent, c'est les morts. Au moment du déjeuner, les ouvrières de la fabrique passent par le bureau de poste pour apprendre les nouvelles et on ne les marchande pas. Cela fait du travail pour les jacasses, et, de la fabrique, plus sûrement que par fil spécial, les nouvelles s'enregistrent, se répandent et se déforment. De là, c'est une mère qui apprend que son fils, son cher petit garçon, a été tué, et elle accourt à la mairie et l'on ne peut que lui dire : C'est vrai.

Voilà ce qu'on appelle : annoncer les nou-

velles avec précaution, y porter tous les ménagements souhaitables ; il y a des circulaires
sans nombre à ce sujet ; elles sont excellentes.
Seulement il faudrait que MM. les maires —
tous les maires — remplissent leur devoir. Il y
en a d'admirables ; il y en a qui se sont montrés
de grands citoyens. Même dans les petites communes, on n'a jamais parlé d'eux. Il y a un
livre d'or pour les civils et ces maires-là ont
bien droit d'y être inscrits.

Mais n'y a-t-il pas, ne doit-on pas ouvrir un
autre livre ? Ceux qui, s'affranchissant de tous
les devoirs ont, en septembre, donné le signal
de la panique et ont entraîné après eux les populations de villages où nul Allemand n'a mis le
pied ; ceux qui ont si bien résisté... à l'armée
française qui voulait assurer la défense de leur
ville, ne devaient-ils pas au moins perdre leur
écharpe ? N'assurait-on pas que les conseils de
guerre se préparaient à ajouter d'autres palmes
à celles dont ils étaient déjà comblés ? Qui disait
cela ? Quelqu'un de mal informé, à coup sûr.
Aussi, ayant fait en septembre d'une certaine
façon leur devoir vis-à-vis des soldats allemands
et des soldats français, ils continuent à présent
vis-à-vis des parents des morts, vis-à-vis des
femmes des mobilisés, vis-à-vis des vieillards

indigents. Ils sont au-dessus des lois ou plutôt ils sont la loi même — tout comme Guillaume II... le conquérant (?)

Tout de même, n'est-ce pas un peu trop?

Écho de Paris, 20 décembre 1914.

POUR LES FEMMES

REDDITION DE COMPTES

I

Près d'une demi-année s'est écoulée depuis
que l'agression sauvage des hordes germaniques
nous a mis les armes à la main. Grâce à la
complicité active des uhlans de l'intérieur, elles
avaient cru nous surprendre et s'assurer cette
magnifique portion du monde qui fit toujours
envie aux Barbares, le pays du vin et du blé, le
doux pays où il fait si bon vivre. Il s'est trouvé
que ceux qui l'occupent savaient aussi mourir.
Mais durant que les hommes — à peu près tous
les hommes, depuis les gamins de dix-huit ans
jusqu'aux demi-vieillards de cinquante — se
dressaient pour la riposte ; durant que l'insuffi-
sance d'une préparation méthodique, le manque
des appareils nécessaires, l'absence des fortifi-

cations indispensables, rendaient leurs efforts
inutiles et que, sous le feu, en pleine bataille,
ils devaient créer tous les moteurs, forger tous
les ressorts, creuser tous les fossés, mettre la
France en mesure de combattre; durant qu'en
prodiguant son argent et son sang, la nation
rachetait les fautes de ceux qui l'avaient dirigée
droit sur l'abîme, toute une population d'enfants,
de femmes, de vieillards mourait de faim. Ceux
qui, dans un pays de luxe, vivaient de luxe,
ceux qui, dans le pays des arts, professaient les
arts, ceux qui, par quelque côté, dans le pays
du plaisir apportaient le plaisir, tous ceux-là
étaient réduits à la misère. Pour tous ces êtres
qui, par un travail obstiné, étaient arrivés à con-
quérir des grades et un gagne-pain, chômage
absolu. Toutes les portes se fermaient.

J'eus l'audace de faire, dans l'*Echo*, en faveur
de ces pauvres femmes, un appel à la charité de
nos lecteurs. Les caisses des banques s'étaient
fermées devant eux, les rentes et les loyers
qu'on leur devait ne rentraient point; mais la
générosité est une compagne de la bravoure et,
malgré qu'ils fussent sollicités de tous côtés,
malgré qu'ils fussent officiellement pressés pour
des souscriptions qu'on appelait nationales,
malgré qu'on les invitât à habiller, à chausser,

à couvrir les combattants, à leur procurer du tabac ; malgré qu'il y eût les chers petits enfants qui attendrissaient davantage, on nous donna largement d'abord, on nous donne même encore un petit peu ; de lointains Français entendent aujourd'hui seulement notre appel et nous font parvenir leur offrande. La dernière que nous ayons reçue nous venait de Sydney.

Je n'ai pu, comme a fait ici même Maurice Barrès, comme fait l'*Echo*, dire, au jour la journée, ce que j'ai fait. Le journal n'y eût point suffi ni la patience des lecteurs, mais j'estime que le moment est arrivé où je dois expliquer nos actes, et en exposer l'économie.

Après six mois, on sait ce qu'on a fait d'utile ; on doit compte de l'argent reçu ; on doit compte — un compte sévère — de la façon dont on l'a employé. Nul ne peut être tenté de se dérober à un devoir qui, en toute époque, oblige la conscience et qui, à celle-ci, oblige le patriotisme. Nul ne voudrait en détourner la moindre part en faveur d'individus que désigneraient plus particulièrement à leur bienveillance des opinions politiques semblables, des origines pareilles, ou un compagnonnage résultant d'une affiliation secrète. Ce qui a été fait de l'argent public doit être étalé au grand jour et plus on a fait confiance

aux répartiteurs pour des sommes à distribuer,
plus ceux-ci doivent mettre de précision dans
leurs comptes.

D'ailleurs, il est une autre raison pour laquelle
les comptes sont indispensables : plusieurs de
ceux qui ont fait appel à la bienfaisance publique
à cause de la guerre, en vue de secourir les
victimes de la guerre, semblent résolus à conserver, pour la paix, la moitié ou les trois quarts
de ce qui leur fut donné. Que l'on envisage la
durée probable de la guerre, qu'on se dise : Nous
ne sommes pas au bout de la tâche et les besoins
augmentent à proportion des jours écoulés, cela
est raisonnable et juste ; mais qu'on prétende
tirer des générosités de la guerre des œuvres
permanentes, qu'on imagine à cet effet de dépenser seulement les intérêts des capitaux qu'on
recueille, non ! non ! mille fois non !!!

Nos soldats donnent leur sang et l'on lésine-
rait sur leurs souffrances ; on leur refuserait
quelque chose pour leurs femmes, leurs enfants !

J'ai reçu pour les femmes, des lecteurs de
l'*Echo de Paris*, 31,479 fr. 35. Il m'en reste à
peu près le tiers, parce que certaines généreuses
souscriptions sont venues ces jours-ci remplir la
caisse. Je dirai ce que nous avons fait de cet
argent, mes dévouées collaboratrices et moi, et

comment nous en avons compris l'emploi. Je ne citerai aucun nom, car nous habitons un confessionnal, mais s'il plaisait aux présidents, secrétaires et trésoriers des œuvres de la guerre, de bien vouloir solliciter la nomination d'un inspecteur des finances pour examiner leur comptabilité, je m'inscris à la tête, étant de tous celui qui a le moins reçu.

II

Nous avons reçu *pour les femmes* 31,479 fr. 35, sur quoi nous avons prêté ou distribué 17,734 fr. 75. Cinq cents francs sont engagés encore en achat de laine à tricoter et en provision chez un marchand de chaussures. Nous avons effectivement en caisse au 5 janvier 13,234 francs; sur quoi nous avons des promesses faites, mais pour un chiffre minime.

Du 27 août, où nous avons ouvert le bureau, au 27 octobre, mes collaboratrices ont reçu, soit par rendez-vous le matin, soit en réception courante dans l'après-midi, environ 1,500 personnes, de toute condition. Beaucoup venaient pour un secours immédiat, elles l'ont eu. Beaucoup étaient des professionnelles de la mendicité, elles ont reçu moins qu'elles n'espéraient et l'on ne saurait penser qu'on les ait contentées. D'ailleurs, à celles-là, à partir d'un certain moment, nous avons donné surtout des bons de fourneaux, en nombre suffisant pour la nourriture d'une semaine. De plus, nous nous étions procuré des bons de cantines qui ont été fort utiles. Les chômeuses qui consentaient à travailler étaient aiguillées sur les ouvroirs où nous étions assurés qu'elles trouveraient accueil et salaire. Certains ouvroirs, comme ceux de l'Institut, de Mme Déroulède, du Lycée Molière, du Faubourg Saint-Honoré 107, étaient tenus et surveillés ; l'on pouvait y adresser des jeunes filles avec certitude qu'elles ne seraient ni molestées, ni offensées, ni offusquées. Le salaire était médiocre, mais il était un salaire ; le travail produit par les ouvroirs était des plus utiles. C'est grâce aux ouvroirs que l'on put dans un temps aussi bref pourvoir aux besoins des trois cent trente-cinq hôpitaux improvisés sur le territoire du gouvernement militaire de Paris.

En dehors des placements dans les ouvroirs (certains facilités par une subvention), nous achetions des objets confectionnés à domicile, des tricots, des chemises, des objets d'art, même des chapeaux. L'essentiel à nos yeux était de maintenir le goût du travail chez celles qui préféraient au secours de chômage un salaire même moindre, mais qu'elles avaient gagné.

Je ne saurais considérer comme des secours l'aide que nous prêtons à des mères, à des femmes, à des filles, pour aller, dans un hôpital, très éloigné parfois, voir leurs fils, leurs maris, leurs pères blessés; l'État donne une réduction sur le transport, parfois le transport entier; mais il n'y a pas que le transport : il faut manger, loger, dormir quelque part et n'est-ce pas bien dur d'arriver les mains vides près du lit du blessé, s'il est convalescent, de ne pas trouver en sa poche de quoi acheter une couronne s'il meurt? Je connais un hôpital au moins, à Paris, où l'on sait pourvoir à de tels besoins. — Mais combien de gens s'en occupent?

Ainsi pour aider celles qui venaient à nous sans qu'elles eussent à s'humilier, a-t-on le plus ordinairement donné au secours une légitimation : soit comme rémunération — parfois excessive — de travaux quelconques, soit comme avance pour mois de nourrices, pensions de fillettes et de garçonnets. Dans le même ordre d'idées nous avons autant que possible proposé le prêt au lieu du secours. Ce n'est pas qu'en l'espèce je conserve beaucoup d'illusions; si les caisses de prêt fonctionnant à Paris, au nombre de vingt-trois, — et il s'en trouve de plus une presque dans chaque patronage — ont donné des résultats incomparables au point de vue du remboursement, nous ne saurions espérer tout à fait les mêmes résultats. Nous plaçons notre argent à fonds perdus. Nous verrons dans deux ou trois ans ce qui aura été rendu, quand le travail aura repris partout et qu'une paix glorieuse abolissant le traité de Francfort et forçant ce qui restera d'Allemagne à décupler l'impôt et à supprimer les contrefaçons qui nous ruinent, nous laissera maîtres des tarifs et nous rendra les marchés que nous avions perdus.

Bien que nous n'eussions pas alors consulté les statuts des diverses caisses de prêts professionnelles, nous avons été conduit par l'expérience à adopter le maximum de 200 francs qu'elles ont la plupart fixé : mais ce maximum, nous ne l'atteignons qu'après enquête et dans des circonstances exceptionnelles. Ce n'est pas énorme, mais cela donne le temps d'espérer une rentrée. Les petits prêts, bien plus fréquents, ont pour objet de permettre aux femmes à qui l'on procure une place ou un gagne-pain, d'attendre le moment où elles entreront en fonction, le jour où elles émargeront : souvent d'acheter des vêtements convenables qui les fassent mieux accueillir.

C'est aux souliers dans ces cas-là qu'on regarde d'abord. Une femme se présentant avec des bottines trouées, éculées, jutant l'eau, la prendra-t-on ? Outre qu'elle tombera malade, elle sera implaçable : nous nous sommes fait ouvrir un compte chez un grand fabricant qui nous traite bien et qui fournit de bonnes chaussures. Maurice Barrès se réserve les petits pieds; nous avons les pieds moyens, parfois même des pieds d'importance; Berthe avait de grands pieds qui ne l'empêchaient point d'être reine.

Nous ne prétendons point placer des reines; c'est rare qu'on nous en demande. Mais des gouvernantes, des dames de compagnie, des institutrices, des professeurs. L'art d'agrément est dans un marasme complet; le piano est fermé; le chant est interdit : il semble qu'il soit une profanation. Il y a bien la *Marseillaise*, mais ça ne se chante pas en chambre. Et la peinture ! Les petites aquarelles sur les menus et les éventails, les petites peintures qui ne sont pas du grand art, certes, mais qui tout de même donnent du pain — et de l'eau — finies ! Qui donc offre à dîner ! On eût pu espérer quelque chose des *Merry Christmas* que vendent les papetiers et les libraires, mais des cartes de Noël sont venues d'Angleterre, à moins que ce ne fût d'Allemagne, car, malgré mes réclamations, on a laissé mettre en vente des estampes fabriquées en Allemagne et qui, rognées au ras, perdaient, à ce qu'il paraît, leur nationalité. Et les pauvres courriéristes de la mode, quelle mode peuvent-elles décrire, quelle prôner, quelle réclamiser ? Et les courriéristes mondaines, quelles fêtes raconteront-elles et comment diront-elles les dames présentes et leurs toilettes ! Tout ce monde-là qui vivait du luxe des autres et de la joie des autres, meurt de faim. Car il n'est guère à Paris que des cigales et les fourmis n'ont rien pu mettre de côté.

Ce que nous avons vu de misère élégante et qui paraissait bien nippée ; ce que nous avons vu de robes de soie et de chapeaux à plumes, avec le porte-monnaie vide, et la faim au ventre, le désespoir, la détresse, presque le déshonneur ! Les façades s'écroulent et l'on pénètre dans la noire tristesse des chambres glacées où tout ce qui avait une valeur a été engagé et vendu.

Avons-nous sauvé toutes les pauvres femmes, toutes les pauvres filles qui sont venues à nous ? Les misères sont grandes, immenses, malgré la *reprise des affaires,* ...., et notre caisse est presque vide. A présent, et presque de plus en plus, nous arrivent de ces jeunes femmes qui ont épuisé toutes les ressources, qui n'ont plus rien, rien, dont nous sentons si fort la détresse humiliée que nous voudrions être séparé de leur visage voilé par la grille d'un confessionnal. Et les veuves d'officiers, et les mères d'officiers... En vérité, que font-ils de leur gros argent, ceux qui ont reçu des millions de la générosité publique à cause de la guerre et pour la guerre, et qui ne donnent qu'aux œuvres qui existaient avant la guerre. Ils m'ont donné mille francs parce que mes collaboratrices avaient fondé avant la guerre l'Œuvre du Placement féminin. Ils ne m'auraient rien donné si je leur avais dit : Je ne pouvais penser en juin qu'il y aurait des milliers de veuves, des milliers d'orphelins, une suspension de toutes les fonctions sociales, un *moratorium* qui malheureusement n'arrête pas les fonctions vitales, ne s'applique ni à la nourriture, ni au vêtement, ni à rien de ce qui est le nécessaire de l'existence.

Et en juin, pensait-on qu'il y aurait lieu de réclamer le *Secours national ?*

Écho de Paris, 17 janvier 1915.

L'EXODE

Voici cinq ans passés, sur un signal parti de Constantinople et, dit-on, du palais même du sultan, les Kurdes et les Turcs se ruèrent sur les populations arméniennes de la Cilicie, et, par le fer et le feu, tentèrent de les exterminer. Il y eut là des scènes d'une barbarie que l'on croyait inégalables — mais l'on sait à présent que les inventions des sauvages sont dépassées en horreur par les trouvailles de civilisés qui ont fait de l'incendie, du viol et de l'assassinat l'objet de leur *culture*. Des populations paisibles et désarmées, des marchands à leurs comptoirs, des cultivateurs sur leur charrue, des femmes à leur métier, des enfants dans leur école, furent dévalisés, torturés, massacrés ; puis le feu, largement arrosé de pétrole, purifia tout.

Pourtant, entre les massacreurs et les victimes, des hommes et des femmes d'Occident s'étaient jetés et, au péril de leur vie, ils avaient pris ceux des malheureux qui avaient échappé aux assassins, ils les avaient entraînés vers des maisons sur lesquelles flottait le drapeau aux trois couleurs. Par centaines, par milliers, ils les avaient entassés dans leurs écoles, leurs hôpitaux, leurs chapelles, que le feu menaçait et qu'il devait bientôt dévorer. Ils les avaient nourris en mendiant pour eux ; ils les avaient sauvés en les couvrant de leurs corps. Le vice-consul de France avait déserté son poste, mais les Jésuites et les sœurs de Saint-Joseph avaient montré qu'à défaut d'employés indignes, la France trouve, pour sauver son honneur, des serviteurs dignes d'elle, parmi ceux-là même qu'elle a proscrits.

Ces Jésuites et ces sœurs, l'Académie française les avait acclamés et de même les Lazaristes d'Akbès, les Trappistes de Cheikhlé, les Capucins, les sœurs de la Sainte-Famille, les sœurs de Saint-Joseph, de l'Apparition d'Antioche, de Tarse, de Khodubek, de Mersine. Tous avaient bien mérité de la France en portant haut l'étendard de notre civilisation, faite de douceur et de pitié, d'héroïsme tranquille et de volonté inébranlable. Ce n'était plus ici par la furie française qu'il fallait combattre et vaincre, mais

par de la patience, par une résolution qui dressât
comme un rocher la chair humaine. Ils donnèrent un exemple que nos soldats savent si bien
suivre.

Dès que les ruines furent refroidies de leurs
demeures, de leurs établissements, de leurs
chapelles anéanties, les Jésuites et les sœurs se
remirent à l'œuvre d'aujourd'hui. Ramassant
dans les décombres les morceaux de fer et de
bois utilisables, ils édifièrent, avec les pierres
qui n'étaient pas trop calcinées, des abris de fortune ; car certaines misères n'attendent point et
il fallait penser aux orphelins — à les loger, à
les vêtir, à les nourrir, à les instruire, et, du jour
au lendemain, la ruche reprit l'activité de son
travail.

Ce que les congrégations françaises avaient
fait en Cilicie pour les Arméniens, elles le firent
durant la guerre des Balkans, à Salonique, à
Andrinople, dans toutes leurs écoles, leurs hôpitaux, leurs églises, pour les blessés et les réfugiés, quelles que fussent leur nationalité et leur
religion. Turcs, Grecs, Serbes, Bulgares, les
sœurs de Saint-Vincent de Paul et les sœurs
Assomptionnistes n'ont connu que des pauvres
gens qu'elles devaient soigner, nourrir, sauver,
pour l'amour de leur divin Maître. Les Turcs,

par centaines, ont été accueillis et préservés ; ils juraient alors leurs grands serments que les sœurs étaient leurs mères et l'on se souvient comme, dans son récent discours à l'Académie, M. Maurice Donnay a joliment conté, avec cette grâce retenue et ce sentiment tendre qu'il met à tout ce qu'il écrit, cette histoire qui ajouta au Grand Livre de la charité française une page d'émotion héroïque.

Et c'est pourquoi tous ces Français, toutes ces Françaises ont été chassés de leurs maisons, de leurs écoles et de leurs chapelles par ces Turcs qu'ils avaient sauvés ; c'est pourquoi toutes les maisons françaises ont été saisies et pillées ; c'est pourquoi on prit aux religieux, jusqu'à leurs effets personnels, leurs papiers et notes d'enseignement ; c'est pourquoi après des alternatives, des ordres, des contre-ordres où s'exerçait le génie de l'administration ottomane, presque tous ont été embarqués — et dans quelles conditions ! Ceux-là pourtant sont les heureux. Les Jésuites d'Adana, les Lazaristes d'Akbès, les Trappistes de Cheikhlé ont été internés à Ourfa. Sous la pression des neutres, pour faire acte d'une civilisation raffinée, les Jeunes-Turcs ont proclamé, ces jours derniers, que tout religieux encore en Turquie pourrait en partir dans un délai de... Mais ce délai a été si bref, qu'il était expiré avant que l'autorisation eût pu parvenir aux intéressés. C'est là une de ces comédies familières aux camoufleurs du *Gœben* et du *Breslau*.

L'Allemagne a mené cette affaire, comme les autres. Elle a détruit en quelques semaines les effets d'un labeur de quatre-vingts ans : labeur français, culture française, à laquelle elle compte substituer la noblesse de sa culture ; mais en France, nos prêtres et nos sœurs d'Orient, tels qu'au lendemain des massacres d'Adana, se sont remis à l'œuvre. Les Filles de la Charité remontant le Rhône s'égrènent dans les ambulances où l'on a besoin d'ordre, d'intelligence, d'assiduité, d'un dévouement de jour et de nuit. Les sœurs de Saint-Joseph de Lyon, l'admirable mère Mélanie à leur tête, ont pris charge, à Saint-Genis-Laval, d'un hôpital de typhiques : « Nous sommes ravies, écrit la mère Mélanie, de nous dépenser un peu pour la patrie tant aimée ; que ne sommes-nous des soldats pour aller au front ! » Les missionnaires se font, eux, combattants, brancardiers, aumôniers ; entre autres le chancelier de la Faculté de Médecine de Beyrouth, les supérieurs des collèges de Margivan, du Caire et d'Alexandrie. Depuis le début de la guerre vingt-trois Jésuites sont morts au champ d'honneur.

A ceux-là, du moins, on permettra, après la guerre, de rester en France.

19 janvier 1915.

ŒUVRES DE GUERRE

Après six mois bientôt de continuels combats,
cette guerre se poursuit par une campagne d'hiver la plus rude et la plus nouvelle ; ceux que
leur âge, leurs infirmités ou leur sexe empêchent
de se mêler aux combattants ont le devoir strict,
le devoir absolu de prendre au moins leur part
des œuvres de guerre qui peuvent le mieux
assurer le triomphe définitif du droit, de la civilisation et de la France.

Ces œuvres sont diverses et chaque espèce
mérite une étude. Celles qui ont pour objet la
santé du soldat doivent passer d'abord.

Les soldats sont blessés, malades, éclopés.

Les blessés trouveraient dans les hôpitaux
auxiliaires de Paris, qu'on se décide à peine à
ouvrir aujourd'hui, des soins intelligents, une
installation souvent trop luxueuse, une nourriture convenable. Il faudrait, à coup sûr, que des

rondes de jour et de nuit maintinssent une continuelle discipline et que les associations qui se sont donné pour mission de soigner les blessés et les malades fussent militarisés de façon à obéir au Service de Santé et à n'obéir qu'à lui, d'être exactes comme des régiments et de ne pas prendre les besognes qui plaisent, mais celles que le devoir impose.

Les hôpitaux bien installés de Paris, où opèrent les maîtres, devraient servir seulement de lieux de passage aux blessés, qui, aussitôt opérés et mis sur la voie de la guérison, seraient transportés dans les hôpitaux de la grande banlieue, où la bonne volonté des organisateurs est mise, en vérité, depuis quatre mois, à une rude épreuve. Ils ont au complet leur personnel infirmier et leur personnel domestique ; leurs frais courent, sans qu'ils aient la plupart vu un seul blessé, un seul demi-blessé, un seul convalescent. Chaque hôpital de Paris devrait avoir son correspondant d'évacuation en grande banlieue, tandis qu'à présent on expédie, des gares régulatrices, sur des hôpitaux de province qui manquent de tout, dont l'installation est sommaire, où les soins, malgré le dévouement, sont improvisés et parfois inintelligents, des milliers de blessés, qu'on ne sait comment coucher, panser, opérer

et qui s'éternisent, selon le bon cœur des infirmières.

Il faut reviser à tous les points de vue la
répartition des soins donnés aux blessés, mais
cette revision faite, il se trouvera cinq ou six fois
plus de lits qu'il n'en faut, et, ces lits-là, on
pourra les consacrer aux malades.

Sans doute aura-t-on plus de mal à trouver,
pour les malades, autant d'infirmières que pour
les blessés. Mais la militarisation pourvoira aux
affectations, et les chefs du Service de Santé
n'auront pas à consulter les préférences.

Il est vrai que voici qu'accourent d'Orient,
d'où les chasse la barbarie turque, les Sœurs de
la Charité. Et sous ce vocable commun, *les
Sœurs*, il faut placer toutes ces congrégations
qui ont fait si vaillamment leurs preuves en
Cilicie et en Asie-Mineure lors des massacres
arméniens, en Turquie d'Europe lors de la guerre
balkanique. Pour celles-là, toutes celles-là, plus
le danger de la contagion sera grand, plus leur
cœur bondira vers ces malades qu'on sera bien
obligé de leur confier. Et elles s'ingénieront,
elles, elles trouveront des ressources dans leur
charité et elles tireront d'affaire ces milliers de
typhiques qui ne semblent guère avoir été immu-
nisés par les fameux vaccins.

Des installations de fortune, avec les moyens les plus sommaires et les plus faciles à réaliser, ont permis le traitement le plus scientifique, celui qui seul, jusqu'ici, a produit des cures certaines.

Mais cette campagne d'hiver, avec ces pluies continuelles inondant les tranchées, cette campagne dans la boue « jusqu'au ventre » — et ce n'est point ici une image poétique — a produit une indisposition qui peut tourner en maladie et qui a trouvé l'administration complètement désarmée. Dans les tranchées, comme l'expliquait mon éminent ami Charles Chenu, les hommes marchent, mangent, couchent, vivent dans l'eau jusqu'à mi-jambe, et c'est encore la seule manière qu'ils aient trouvée pour vivre, car, s'ils se risquent à sortir quelque part de leur corps, ils sont tués. Seulement, à ce métier, les souliers, qu'on ne graisse pas, se resserrent et se durcissent ; si même l'eau n'a point pénétré, faisant des chaussettes un réservoir d'humidité, les pieds, comprimés, s'enflamment, se gonflent, s'excorient, deviennent d'une sensibilité atroce, ne portent plus leur homme : il faut l'évacuer sur le dépôt d'éclopés. Là, s'il était soigné, étendu, reposé, nourri, nettoyé, réparé au physique et au moral, il pourrait en huit ou dix jours retourner au régiment. Mais il faut que tout cela soit fait, et, dans des centaines de dépôts ouverts actuellement en France, tout manque. Les sociétés de secours disent que cela ne les regarde point et, en effet, certaines ont prodigué leurs réserves et sont presque à bout. Pour d'autres, qui objectent leurs statuts, l'autorité militaire pourrait aisément les adapter en appliquant leurs ressources encore immenses aux besoins pour qui elles furent créées. Mais elle n'ose pas. C'est donc l'initiative privée qui doit uniquement pourvoir aux besoins des éclopés. Soyons pédicures, Parisiens mes frères, et quand les pieds seront guéris moyennant du repos, de l'horizontalité, une bonne nourriture, des bains-douches réitérés, passons l'inspection des musettes ; fournissons de caleçons, de chaussettes, de chaussures de repos, les braves garçons qui vont retourner là-bas, et souhaitons-leur, plutôt que ces temps « pourris », un froid sec, qui leur laisse leur élasticité, leur vigueur et, avec la joie de vivre, leur apporte la victoire.

Le Gaulois, 20 janvier.

LES PÉDICURES

Cette guerre des tranchées, guerre de résistance et d'usure, à laquelle dut s'adapter le génie de notre race, a créé une maladie nouvelle et telle que tous plus ou moins en sont atteints. La tranchée, par cet hiver, le plus atrocement pluvieux qu'on ait vu depuis bien des années, est d'une humidité effroyable. C'est un ruisseau de boue et, où qu'on s'accote, où qu'on s'asseye, où qu'on s'agenouille, c'est dans la boue : une boue qui varie selon les régions et qui décèle aux initiés le point d'où arrivent les hommes : boue crayeuse qui pénètre et enduit les vêtements comme en Champagne ; boue noire et grasse, comme dans les parties de la Flandre ; boue brune presque verte, comme dans l'Argonne . . . .
. . . .

D'où qu'ils arrivent, nos blessés, ils ont les

pieds en triste état. Rester six à sept jours les pieds dans la boue, sans se déchausser, ni graisser ces brodequins fournis par l'Etat, très supérieurs, sans comparaison, aux godillots qu'on touchait en 70, mais très durs, presque importables si on ne les soigne pas constamment, c'est fatalement les chaussures qui se racornissent, les pieds qui gonflent et qui, pour peu que la chaussure laisse entrer l'eau, deviennent œdémateux, rendent l'homme indisponible. Il faut du repos, du repos horizontal, il faudrait une gymnastique appropriée et que certains professeurs ont recommandée sans obtenir, semble-t-il, un succès bien caractérisé; il faut des chaussures de repos, des chaussons ou des pantoufles; et, comme la plupart de ces hommes-là sont fatigués, que beaucoup ont attrapé de gros rhumes, il faut de la chaleur, une bonne nourriture et quelques médicaments. J'ajoute qu'il faudrait aussi des soigneurs de souliers, car bien de nos garçons sont singulièrement neufs dans l'art de rendre à du cuir dur une souplesse qui permette de s'en chausser, et le major du cuir des bottes serait presque aussi utile que le major de la peau des pieds.

L'immense quantité de soldats qui sont rendus indisponibles, qui deviendraient tout à fait malades s'ils n'étaient envoyés au repos, a créé une nouvelle catégorie à côté des blessés, demi-blessés, convalescents, malades, celle des éclopés. « *Eclopé, éclopée* dit l'Académie : boiteux, estropié, dont la marche est pénible à cause de quelque incommodité. Il est familier. » Eh oui, familier ! *Clopiner, clopin-clopant* l'est aussi. Mais *éclopé* n'est plus familier, il est presque héroïque, et on est d'autant mieux venu à le réhabiliter que des gens d'un certain ordre semblent disposés à prendre *éclopés* pour *tire-au-flanc* : ces gens-là doivent être des embusqués; ils n'y ont point été voir — surtout ils n'ont point souffert d'être *éclopés*.

Par centaine, on a dû créer des *dépôts d'éclopés*. Il y en a partout sur les lignes d'arrière et, par milliers, les hommes y arrivent des tranchées ; après trois, quatre, huit jours de repos, ils sont le plus souvent en état de retourner au front ; mais cela à trois conditions :

1° Repos horizontal, ... plusieurs villes, Beauvais, Amiens, Compiègne ont fourni des paillasses et des traversins. Ailleurs ce fut l'initiative privée, comme à Creil ; . . . . A côté des dortoirs, il faut autant qu'il est possible, et cela est possible presque partout, des bains-douches. On sait des dépôts où le bain-douche fonctionne toute la journée et où tous les hommes passent à l'eau au moins une fois par vingt-quatre heures. Là, les guérisons sont à peu près trois fois plus promptes qu'ailleurs ;

2° Nourriture et soins médicaux. Du côté de la nourriture, les hommes sont presque partout bien traités ; ils touchent l'ordinaire qui, à la vérité, ne convient pas aux hommes ayant besoin de régime, mais de ce côté l'on pourra apporter quelques améliorations si l'on permet à l'initiative privée de s'exercer. Les majors sont très dévoués, mais ils ne disposent pas d'assez de médicaments.

3° Appropriation et habillement, voilà les points tout à fait graves et que l'administration militaire, surprise par cette multiplication effrayante de cas inusités dans toute autre guerre, s'est trouvée impuissante à résoudre. Il faudrait un personnel d'un dévouement absolu et d'une compétence suffisante, qui prendrait ces pantalons et ces capotes, les laverait, les brosserait, les mettrait en état ; de même les souliers, les bandes molletières, l'habillement entier ; en même temps, on vérifierait si chaque homme a ce qu'il lui faut en lainages, pour le corps, les mains et les pieds. Il ne s'agit point, comme on le fait trop souvent, de jeter ce que les hommes possèdent, mais de le désinfecter, de le réparer, de l'approprier. Pour cela, il faut un personnel : les Sœurs de charité seraient tout indiquées si elles n'étaient presque toutes prises pour les blessés et les malades : mais voilà du travail pour les femmes de bonne volonté qui, ne se sentant ni vocation ni capacité pour être infirmières, veulent mettre leur bonne volonté au service des soldats. Une équipe militarisée suffirait par dépôt, tandis qu'à Paris et dans les villes d'autres équipes recueilleraient et confectionneraient les sous-vêtements qui ont besoin d'être renouvelés, et qui seraient distribués dans les dépôts par des missionnaires de toute confiance.

Telle est l'œuvre qui fonctionne à petit bruit depuis un mois. Durant que certains des membres font la navette entre Paris, centre d'approvisionnement, et les dépôts d'éclopés, un comité de dames recueille et achète les étoffes, les ustensiles, les médicaments, les sous-vêtements qui lui sont demandés par les majors des divers dépôts.

Il appartient à cette France prodigieuse de ressources d'improviser à mesure que le besoin

s'en fait sentir les éléments de résistance et les
moyens de victoire. Elle a improvisé des canons,
des soldats, des équipements, des ambulances,
une stratégie. Il faut s'improviser pédicure : ça
va !

A Ulm, les soldats disaient que l'Empereur
gagnait les batailles avec leurs jambes. Faisons
de bons pieds aux soldats du général Joffre,
pour le jour où il leur commandera de sortir
des tranchées et de foncer sur l'ennemi.

Ce jour-là, les pédicures toucheront leur
cachet [1].

Écho de Paris, 24 janvier 1915.

[1] Les blancs sont du fait de la censure. Ils prouvent comme
elle a laissé les bonnes volontés s'exercer pour les œuvres de
charité envers les soldats.

DES LIVRES POUR LES BLESSÉS !

On s'est dit : Les blessés ont de longues heures d'inoccupation et d'oisiveté devant eux ; il faut leur donner des livres. L'intention a été excellente, mais comme les résultats furent souvent piteux !

Pour donner des livres qui ne leur fussent point nécessaires, utiles ou agréables, quantité de gens allèrent tout droit aux placards et aux recoins où ils jetaient, en attendant le prochain déménagement, les volumes et les brochures que le désœuvrement, la curiosité et quelque esprit de luxure leur avaient fait acheter. C'étaient des livraisons dépareillées, des almanachs décolletés et vieux de dix ans, des journaux et surtout des revues ou des revuettes illustrées qui faisaient mesurer le chemin perdu par la lecture et gagné par le cinématographe, car ces revues ne sont guère autre chose ;

c'étaient aussi des livres galants, sinon obscènes. On ne saurait même en citer les titres : ce sont des livres que les plus fervents bibliographes ignorent et qui pourtant doivent avoir un public, en France ou à l'étranger. Ils sont *illustrés de nombreuses photographies suggestives obtenues d'après nature*, et la bêtise y est égale à l'ignominie, parfois déguisée sous des apparences médicales.

On dira bien : Ce sont de grands garçons ; ils savent ce qu'ils font, et ils sont aptes à choisir. Non ! D'abord, ces livres obcènes, ce n'est plus le donateur anonyme qui les offre, c'est l'hôpital, et l'hôpital n'a que ceux-là à donner ; donc c'est la carte forcée. Il pourra s'en procurer d'autres, dit-on. A coup sûr, certaines personnes de bonne volonté en envoient ; mais, faut-il l'avouer, ils sont, pour l'ordinaire, d'un enfantillage tel qu'ils sont délaissés tout aussitôt. Les blessés qui voudraient lire autre chose que le journal du jour ne peuvent véritablement pas prendre à ces petites machines un intérêt quelconque. Ils retombent alors aux romans d'aventures publiés ces années dernières, pour quelques sous, ou bien à des comédies et saynètes qui sont encore dans le moins mauvais.

Ce qui, vraiment, amuse et passionne les chers enfants, ce sont, quand on a la chance d'en avoir reçu, les prophéties de Jules Verne et les récits du commandant Driant, les trente-cinq petits volumes de la *Guerre de demain*.

Cela va bien pour les distraire, mais ne serait-il pas bon aussi de mettre aussi entre leurs mains quelque chose qui les instruise et les réconforte, qui leur apporte une connaissance de cette France pour laquelle ils ont répandu leur sang, une connaissance des Français qui les ont devancés sur les routes de l'héroïsme, quelque chose qui, hélas! manque à la littérature française, quelque chose comme un *Plutarque français*? Ils ne sont pas rebelles à s'instruire, ils sont tout pénétrés de grandeur guerrière; et des récits où les actes prodigieux de notre race seraient exposés simplement, mais non pas niaisement, avec des détails de caractère, de paysage, d'armement, des anecdotes authentiques, quelques extraits de lettres ou de mémoires, leur plairaient grandement. Il ne serait point difficile de trouver par province et même par département quelque modèle à leur proposer, car, depuis les premiers âges jusqu'à ces jours que nous vivons, la nation fut génératrice de gloire : on n'y verrait pas seulement des rois ou des empereurs, des généraux et des princes, on y verrait des officiers comme d'Assas et des soldats comme Coigniet et Fricasse ; on y passerait en revue la France militaire depuis Vercingétorix jusqu'à nos généraux d'hier, les Faidherbe et les Canrobert. Il n'y faudrait point de vivants : craignons que vis-à-vis d'eux la louange ne tourne en flatterie ; l'histoire ne s'improvise pas ; elle a besoin de recul ; elle veut la sérénité des choses mortes, et alors seulement définitives. Mais cette génération qui a vu de la guerre, depuis six mois, plus que n'en avaient vu depuis cent ans les armées de métier, s'intéresserait passionnément aux armes dont se sont servies les générations successives, aux costumes de guerre, aux détails de la vie militaire, à tout ce qui faisait hier encore l'objet des études d'un petit groupe, mes chers camarades de la *Sabretache*. Il le faudrait plus pittoresque, plus animé, moins creusé, mais il faudrait cela : un Musée de l'Armée en action, un Musée de l'Armée qui développerait en même temps que les armes, de la hache de bronze au 75 d'acier, la façon dont les manièrent nos héros français. — Et il me semble que de tels livres conviendraient à de telles âmes.

Le Gaulois, 8 février.

POUR LES TOMBES

Dans les cimetières où l'on enterre les blessés décédés, dans les hôpitaux militaires et les hôpitaux auxiliaires de Paris, voici que le carré qu'on avait destiné aux soldats est rempli; il en faut chercher d'autres. Dans la banlieue, où abondent les formations sanitaires et où les morts, très nombreux, sont inhumés dans les cimetières municipaux; dans toutes les villes de la province, où l'on a hospitalisé des blessés et des malades et où il s'est produit des décès, partout en France une série de questions se posent au sujet de ces sépultures et il n'est que temps de les aborder.

Les villes et les communes ont-elles attribué à ces sépultures de soldats des concessions à perpétuité? Pour Paris, aucune décision ne semble avoir été prise. On a parlé d'un monument magnifique que la Ville érigerait aux soldats morts pour la Patrie. Il est fort bon de donner de l'ouvrage aux statuaires ; mais il serait meilleur d'assurer les familles que le dernier sommeil de leurs morts ne sera point troublé et qu'elles pourront, à l'heure qui leur conviendra, changer pour une croix de pierre la croix de bois qu'a plantée sur les pauvres morts l'indigence des hôpitaux.

Sans doute, il est des esprits forts pour qui le culte des morts n'est qu'une de ces superstitions démodées qu'il convient d'abolir ; mais si ces esprits forts s'avisaient d'exposer leurs doctrines devant ceux qui suivent les cercueils, sans doute n'auraient-ils pas, de longtemps et peut-être de toujours, l'occasion de renouveler leur discours sacrilège.

Et lorsque, à une heure matinale, au sortir de l'église qui a fait à ce pauvre mort l'aumône d'une messe, l'on voit la foule s'amasser ; lorsque, tout le long de la route sans fin qui mène au cimetière, on voit — spectacle pareil depuis ces six mois de guerre — les conversations s'interrompre, les casquettes se lever, les signes de croix envelopper la poitrine des femmes, on comprend qu'il faudra du temps, beaucoup de temps encore aux chasseurs d'étoiles pour faucher dans le champ des morts cette moisson de croix noires qui poussent sur les tombes comme une affirmation et comme un espoir.

Mais va-t-on les raser, ces croix, dans trois ou dans cinq ans, par ordre de l'administration préfectorale? Va-t-on afficher dans quelques mois, avant même que ce sol où, sous la plus mince des couches végétales, le cran, comme on dit chez nous, apparaît tout de suite, ait absorbé cette pauvre chair humaine, va-t-on afficher la *reprise des terrains* et va-t-on jeter à la voirie ou traîner aux catacombes ces dépouilles sublimes? N'ont-ils pas droit, nos morts, à la longueur de leurs corps dans cette terre qu'ils ont sauvée?

Il faut que les conseils municipaux, dans la France entière, partout où furent faites des inhumations de soldats, prennent des délibérations identiques et assurent solennellement la pérennité de leurs sépultures a nos morts glorieux.

Assurément faudrait-il aller plus loin, assurément faudrait-il distinguer la fosse par quelque chose d'un peu moins fragile qu'un bout de bois blanc qui fléchit sous le poids des couronnes et se pourrit aux pluies d'hiver. Déjà, ceux qui hantent les cimetières suburbains ont pu le remarquer, des mains anonymes, des mains pieuses ont entrepris de nettoyer et de parer ces sépultures! D'où viennent ces serviteurs —

ou plutôt, j'imagine — ces servantes des morts ?
Qui les a conduits vers les tombes ? Dans quel
sentiment de piété patriotique s'y consacrent-ils ?
N'est-ce pas qu'il est juste qu'elles apprennent
dans toutes les provinces de France où elles les
pleurent, les épouses, les mères, les filles, que
leurs hommes ne sont pas abandonnés et que,
avec le printemps qui vient, ce ne seront pas les
chardons et les ronces, mais des fleurs mélanco-
liques comme notre deuil, brillantes comme
notre victoire, qui pousseront sur leurs tom-
beaux ?

Cela est bien et il faut reconnaître là, d'où
que soit venue la pensée, une expression à la
fois jolie et noble de l'âme française ; mais n'est-
il pas quelque chose de plus qu'on pourrait faire ?
Si chacune des familles dont un fils, un parent,
un ami est tombé là-bas sur les bords de la
Marne, de l'Yser ou de l'Aisne, dans les bois de
l'Argonne, sur les collines d'Alsace, et dont on
a dû abandonner le pauvre corps, adoptait une
de ces sépultures ; qu'elle l'entourât d'une clôture de bois, ou, si elle pouvait, de parpaings de
pierre, n'est-ce pas que cela serait généreux et
beau ? Ainsi, ceux qui, la guerre finie, voudraient emporter leurs morts, pour les faire
dormir à l'ombre du clocher natal, seraient mieux

assurés de les retrouver et de les reprendre. Et puis, s'ils y renonçaient, car la dépense est lourde, très lourde pour leurs maigres bourses, au moins sauraient-ils qu'aux jours traditionnels, aux jours de naissance et de nom, leurs morts, comme s'ils reposaient au pays, seraient fêtés de nos fleurs, entourés d'un peu de tendresse, honorés dans leur détresse et dans leur gloire.

Et puis qu'au jour des morts, comme au cimetière villageois, nos prêtres en habit sacerdotal parcourraient ces rangs pressés de catholiques confesseurs de leur foi et béniraient les tombes devant la grande croix d'argent levée sur elles.

Le Gaulois, 15 mars.

« STA VIATOR »

Sous le vent qui les ébranle, sous la pluie qui les fouette et les délite, les branches dressées en croix sur les fosses s'agitent, tombent, disparaissent dans la terre molle. Qui donc, si l'on ne se hâte, reconnaîtra la place où ils ont succombé, où ils ont consommé leur sacrifice? Assurément, de l'anonymat sublime des cadavres dispersés dans les plaines et les forêts, sur les montagnes et les collines, aux bords des rivières, pour attester que la garde en fut attentive et fidèle, s'élève une émotion qui frappe l'esprit et qui élève l'âme. Que le laboureur, dont la charrue heurtera ces ossements, s'incline pieusement et qu'il récite une prière; qu'il sache que le champ qu'il cultive, il en doit la possession à ceux qui sont morts; qu'il soit convaincu que sans eux il serait l'esclave de la glèbe, sous le fouet de l'Allemand victorieux, cela sera bien, mais pour quel temps! Nous avons vu, après moins de cinquante années, tourner en risée les morts et les combattants de la guerre désastreuse.

On traitait — êtes-vous bien sûr qu'on ne traite pas encore? — de hideux chauvinisme, d'imbécile brutalité, de comique stupidité, le patriotisme de ceux qui se souvenaient et qui prévoyaient qu'un jour l'Allemagne ne trouverait point ses conquêtes suffisantes et prétendrait assurer son triomphe et son enrichissement définitifs.

Lorsque notre cher Edouard Detaille est mort, on a pu, dans certains journaux, insulter son cadavre encore chaud, sans que cet acte sacrilège provoquât l'indignation universelle. Et pourquoi poursuivait-on Detaille? Parce qu'il s'était fait le peintre de l'armée, de ses gloires et de ses espérances, de ses rêves grandioses et de ses souvenirs immortels. Il était un patriotard, un revanchard... un imbécile. On avait poussé la propagande si loin qu'on était arrivé à proscrire des vitrines les sujets militaires, à organiser dans le public qui se croit intellectuel une conjuration contre les peintres si français qui ont consacré leur talent à représenter nos soldats, et cela au profit d'une sorte d'art dont les Allemands faisaient leurs délices.

Qui donc nous en délivrera, nous en libérera, de cet art nouveau, de cet art munichois, dont on a pu, dans des chaires officielles, faire ouvertement l'apologie, sans qu'une volée de pommes françaises interrompît les couplets d'admiration passionnée? Qui donc nous libérera, dans la peinture, la sculpture, l'architecture, la décoration murale, la toilette et la mode féminines, de cette emprise allemande qui, peu à peu, substitua ses ordures criardes à la noblesse, la grâce, l'élégance françaises! Quelque jour, on arrachera les masques et on nommera ceux qui se sont faits, à Paris et en France, les missionnaires, *peut-être* bénévoles, des tapissiers, des couturiers, des ébénistes munichois, et qui ont « vendu toutes sortes d'objets achetés en Allemagne et qu'ils donnaient comme de leur fabrication ». Cela indiquera le niveau de certaines mentalités et expliquera bien des choses.

Il faut que nos morts nous délivrent de ces vivants — qui, n'en doutez point, ont su conserver leur précieuse vie pour reprendre avec la divine Germania leur petit commerce. Il faut que les morts fassent bonne garde et qu'autour d'eux s'érige un culte que propageront tous ceux qui les ont aimés : un culte intransigeant,

un culte exclusif. Il faut que bordant la fron-
tière, y formant comme une muraille sacrée,
s'élèvent à la gloire des morts des monuments
qui arrêtent et repoussent les propagandistes
germanophiles. Ils dorment, nos chers morts,
dans ces tranchées comblées par les obus des
Allemands, dans les entonnoirs creusés par leurs
mines, sous les murs qu'ont renversés leurs
bombes; ils dorment, et que restera-t-il de leurs
corps glorieux, quand la victoire permettra de
les rechercher! Ceux-là que, hâtivement, pour
leur ménager une sépulture en terre française on
a jetés dans une fosse, sous l'ouragan de fer et
de feu; ceux-là mêmes qu'on a portés dans un
cimetière de campagne, à l'ombre d'une église
qui servait de cible à la furie allemande, ceux-
là, irons-nous recueillir les lambeaux qui reste-
ront de leur chair, enterrée à même la terre,
rentrée dans le circulus éternel? Non, mais
que sur ces coins de notre sol, devenus sacrés,
des stèles s'élèvent par milliers; des pierres
dures et presque brutes, des pierres dressées
qui, comme les menhirs des ancêtres, attestent
par leur foisonnement l'immense sacrifice, le
sacrifice qu'un peuple a su faire à la Divine
Patrie.

Il faut que, chaque jour, à mesure qu'un morceau du sol est libéré, à mesure que la France reprend possession d'elle-même, les croix uniformes se dressent, si on les préfère aux stèles; mais qu'on se hâte. En France, en Belgique, partout où nos enfants sont tombés, que les places soient marquées et qu'à chacune, une pierre s'élève, une haute pierre, qui répète au passant le cri des anciens Romains : « Arrête-toi, tu foules un héros! » *Sta viator : heroem calcas.*

Excelsior, 23 mars 1915.

IL FAUDRA VIVRE

Une foule en deuil, une foule muette, une foule qui ne gémit point, mais qui pleure ; une foule qui s'agenouille et qui prie ; une foule où les jeunes visages qui devraient porter la joie, la grâce, l'amour, entourés de longs voiles de crêpe sont cernés par le bandeau blanc des veuves ; une foule qui ne se plaint point, qui, dans les larmes, tressaille du plus noble orgueil : la foule des veuves de la grande guerre.

Beaucoup ont passé devant moi, beaucoup sont venues dire leurs souffrances et leur détresse ; à voix basse, en se reprenant, en bégayant d'émotion et de pudeur, elles exprimaient comment elles avaient tout perdu, comment, dans la ville où leurs maris tenaient garnison, elles avaient dû abandonner leur mobilier, leur garde-robe, les habillements de leurs enfants — et combien n'en avaient-elles pas ? Cinq, six, sept — qu'elles s'étaient retirées plus loin, puis plus loin encore; qu'elles avaient bien quelques économies, mais dans une banque, en pays envahi — ou bien ici dans une de ces banques qui, six mois durant, ne payèrent point. D'autres, toutes jeunes, mariées d'hier, portant leur premier enfant, encore endettées des frais du mariage, de petites notes dues par le mari, affolées par ces dettes, s'imaginaient que l'honneur de Celui qu'elles aimaient en serait entaché, voulaient payer tout, tout de suite, et elles n'avaient rien. On ne prêtait point sur ces pauvres bijoux, gages des fiançailles, présents des modestes noces. Et elles pleuraient!

Quelles seront les pensions des veuves? Les enfants toucheront-ils des pensions? Accordera-t-on le même traitement aux veuves des officiers de réserve et aux veuves des officiers de carrière? Tout cela reste confus et le Parlement a bien autre chose à faire. Il y aura quelque chose, il le faut croire, mais quand?

Dans ces conditions, il faut chercher pour ces femmes les moyens de gagner leur vie, ou d'ajouter aux maigres ressources qui peuvent leur venir soit de l'Etat, soit de la famille de leur mari, soit de la leur, quelques revenus supplémentaires..

Les veuves de sous-officiers de carrière sortis adjudants, promus à un emploi civil, devenus sous-lieutenants de réserve, passés lieutenants après la mobilisation, souvent tués capitaines, sont peut-être moins à plaindre. Avant leur mariage, la plupart exerçaient un état qui leur reste aux doigts et qu'elles peuvent reprendre. Beaucoup déjà l'ont repris, avec un admirable courage, avec cette endurance au malheur qui est le propre de la Française et de la Parisienne.

Celles-là peuvent se tirer d'affaire. Mais à celles qui, sans avoir jamais enseigné, parlent de donner des leçons de français, d'anglais, d'espagnol, de piano; de vendre leurs œuvres de peinture ou de sculpture, comment leur dire, au premier moment, que, dans l'enseignement, toutes les avenues sont occupées par des professionnelles dont beaucoup, d'un très grand mérite, ont grand'peine, lorsqu'elles ont des charges de famille, à gagner leur vie? Les arts d'agrément refleuriront sans doute, mais on en cherchera le côté noble, généreux, humain. On demandera au maître d'autant plus d'autorité et de valeur personnelles : on voudra des supériorités, et c'est juste. Comment ces femmes enseigneraient-elles ce qu'elles ne savent, elles-mêmes, que d'une façon tout approximative?

Ce ne sont pas là des carrières; mais il peut s'en ouvrir qui défraieraient largement les femmes qui voudraient s'y vouer. Moyennant un effort sérieux, la recherche et la création de débouchés en Angleterre, aux Etats-Unis, au Canada et en Russie, on doit parvenir à organiser la vente d'*objets de goût* fabriqués à domicile, moyennant une direction artistique qui est déjà trouvée. Substituer, sur le marché mondial, à la camelote allemande, le véritable article de Paris, un article inimitable par le goût, l'habileté, l'ingéniosité, la science même qui auront présidé à sa confection, c'est un des buts que doivent se proposer toutes celles et tous ceux qui aiment la France. Vaincre, les armes à la main, est affaire aux hommes; vaincre, l'aiguille, le pinceau, le petit marteau à la main, est affaire aux femmes.

Ce qui a été remarquable dans la culture allemande, ç'a été l'organisation. Les Allemands ont donné l'exemple, en organisant leur commerce comme ils organisaient la guerre. Sans les suivre sur le terrain de la déloyauté et de l'espionnage, sans prétendre leur faire concurrence pour le bon marché, qui les condamnait à ne vendre que des produits de basse qualité, ayant de l'apparence, mais ni fond ni durée, nous pouvons leur emprunter leur organisation de courtiers, de voyageurs, de propagandistes industriels et commerciaux. Les femmes sont admirablement aptes à ce métier. Déjà, dans le courtage des annonces, elles déploient une activité qui fait vivre très bien celles qui réussissent. Si, au lieu de se tenir à Paris, elles rayonnaient en France, en Europe, aux États-Unis, en Amérique du Sud, en Russie, au Japon, partout, sollicitant et prenant les commandes, les câblant à Paris, et livrant en service accéléré par le plus prochain bateau ; si, non seulement pour les modes et les chapeaux, mais pour les tissus, pour les objets de Paris, pour les gravures, pour l'argenterie de table et de toilette, pour tout ce qui est du goût français, elles se faisaient nos courtières et nos placières, elles assureraient à l'industrie et au commerce français de magnifiques bénéfices, dont elles auraient leur juste part.

Seulement, il conviendrait que, du Quai d'Orsay, partissent non pas seulement des instructions et des ordres, mais une impulsion décisive. Il faut que quiconque représente la France et est payé par elle apprenne qu'il est le serviteur des Français et non leur maître, qu'il leur doit tout son temps, tout son effort, tout son dévouement, et, s'il s'agit des femmes et des veuves d'officiers, toute sa respectueuse déférence.

Excelsior, 6 avril 1915.

LE PROBLÈME DE DEMAIN

Ce bandeau blanc que les veuves ont seules le droit de porter sous leurs voiles noir encadrait jadis des visages ridés et vieux et se confondait aux cheveux blancs ; à présent, par un contraste douloureux, ce sont des figures aimables et gracieuses, des cheveux blonds, la délicieuse jeunesse. Une fraîcheur de printemps est sur ces joues, un ruisseau d'or sur ces cheveux, et ce sont des veuves ! Deux, trois, quatre ans qu'elles sont mariées, et déjà des petits enfants s'accrochent à leurs robes de crêpe. Quel abîme elles sondent, ces jeunes femmes, saisies en plein amour, en plein bonheur, en plein rêve, par la main froide du destin ! Elles roulent sans savoir quand elles toucheront au fond, si elles y toucheront jamais.

Assurément elles ont droit à une pension et le gouvernement mettra tous ses soins à en hâter la délivrance ; mais il y a des formalités indispensables, il y a d'inévitables retards. Il ne faudra pas que l'intéressée se procure, moyennant douze à treize démarches, moins de sept pièces authentiques : demande de pension ; légalisation ; acte de naissance ; acte de mariage ; acte de décès du mari ; états de service du mari ; certificat que la veuve n'est ni divorcée, ni séparée, qu'elle jouit de ses droits civils, qu'il n'existe pas d'enfant mineur issu d'un précédent mariage du mari ; — deux témoins et légalisation. — Enfin certificat du genre de mort. Donc, des papiers à demander au dépôt du régiment et dans deux à trois mairies, des témoins à déplacer ; des légalisations à obtenir. Avec un bon mois on peut penser qu'on s'en tirera. Encore faut-il que la femme ni le mari ne soient nés en pays envahi, qu'ils ne s'y soient pas mariés, et que l'on puisse à la fois obtenir des autorités françaises les actes de l'état civil et les faire légaliser. L'on a réduit les exigences au minimum. Mais il faudra du temps et, pendant ce temps, les femmes auront faim — elles ont faim déjà !

Car toutes les situations ne sont pas simples, et ce n'est pas sans raison que des avocats et d'anciens magistrats se proposent pour donner des consultations, pour éclairer ces femmes sur leurs droits, pour leur indiquer la marche à suivre, pour former un cabinet de contentieux auquel elles pourront s'adresser en confiance.

Depuis sept mois, presque chaque jour, j'ai correspondu ou causé avec quelqu'une d'elles ; la pénurie de leurs moyens, la réalité de leur dénuement ne sont égalées que par la dignité de leur caractère et par la noblesse de leur âme. Le réservoir de beauté morale que ces événements tragiques ont permis de sonder est infini. Avec une simplicité douce, ces femmes disent les paroles les plus belles et les plus touchantes. Certaines, auxquelles il ne reste rien de leur mobilier abandonné dans une ville de garnison du Nord ou de l'Est, à présent envahie ou détruite, ne pensent qu'à la pauvre petite clôture de bois noir dont elles voudraient entourer dans le cimetière, près de l'hôpital où leur mari est mort, sa tombe que rien ne distingue des autres tombes, et elles viennent dire : « Qui assure qu'on ne nous la prendra point ? Qui garantit contre le règlement des fosses communes ? » Quant à acheter une concession, comment feraient-elles ? Pour payer comptant les voiles de crêpe dont elles sont enveloppées, n'ont-elles pas dû porter au mont-de-piété les petits bijoux, gages des fiançailles ou présents des modestes noces ?

En voici qui ne savent comment payer les mois de nourrice de leurs petits enfants. Elles-mêmes si jeunes, avec leurs vingt ans en fleur, déjà deux fois mères, ont la lassitude écrasée de petites filles qui, déposant un instant le fardeau de la vie, s'asseyent dans un coin pour pleurer : mais il suffit d'un mot pour les redresser. Toutes ont le feu admirable de la gloire qu'elles portent. Toutes se disent qu'en donnant leur bonheur, en sacrifiant à jamais la joie de leurs jours, en acceptant les devoirs austères auxquels elles se consacrent, elles contribuent comme les héros morts à sauver le pays. Entre elles toutes une entente s'établit ; elles communient dans la Patrie.

Aussi, quand, dans les rues, il arrive qu'on rencontre des femmes vêtues de crêpe, parées du bandeau blanc des veuves, dont les robes serrées s'ouvrent sur des bas de soie et des souliers vernis, cette tenue de provocation et de coquetterie semble un sacrilège. Assurément, s'il plaît à quelque femme, pour se rendre davantage intéressante, de prendre le deuil d'un époux imaginaire, nulle police ne l'en peut empêcher ; mais il est misérable de faire de la mort un appât pour la luxure.

Nulle de celles qui veulent rester dignes des

héros morts ne saurait attirer les regards par ces moyens de séduction grossière. Non, ce ne sont pas là nos veuves. Modestement, chastement, elles passent, et où elles s'assemblent c'est dans les églises que leur troupe funèbre envahit. Vienne le mois de mai, qui, avec le printemps et les fleurs, amènera la victoire, plus nombreuses et plus pressées elles iront porter aux pieds de la Mère des Douleurs leurs effusions, leurs prières, l'admirable effort de leur résignation.

Mais, nous, ne les oublions pas. Pensons à leur adoucir les jours présents : pensons à leur préparer un avenir. Il y a ici, en dehors de l'État, qui remplira ses devoirs, mais qui ne saurait pourvoir à tous les besoins, une obligation pour tout patriote de donner à ces femmes les moyens de gagner leur vie honnêtement, sans se diminuer et sans déchoir.

C'est là le problème de demain et quel problème !

Écho de Paris, 12 avril.

L'UNION DES DEUILS

Les femmes qui viennent de perdre leurs maris, morts au champ d'honneur, se trouvent subitement placées en présence des plus redoutables problèmes. Le respect, l'estime, l'affection qu'elles inspirent obligent à parler de leur situation avec une entière franchise, à aborder sans détours les points difficiles, et, quitte à leur déplaire, à prendre pour objet unique de les servir.

La plupart de ces veuves sont très jeunes, beaucoup sont jolies; l'amour a décidé ces mariages et l'intérêt, d'ordinaire, n'y a joué aucun rôle. D'un côté comme de l'autre, égale médiocrité, peut-être égale pauvreté. La femme n'eut point de dot, pas même l'ancienne dot réglementaire, « *un revenu non viager de 1,200 fr. au moins* ». On n'ignore pas que les conditions de fortune exigées jadis des futures femmes d'officiers et de sous-officiers rengagés ont été supprimées par une circulaire en date du 1er octobre 1900, signée par M. le général André, ministre de la guerre.

Cette mesure, si grave par ses conséquences, fut prise sans examen. En chercher les raisons véritables, ou même les justifications apparentes, nous mènerait trop loin. C'est assez d'en constater les conséquences : elles étaient fâcheuses en temps de paix ; elles sont néfastes en temps de guerre, et d'une guerre comme celle-ci, où le nombre des officiers tués est immense, et où, parmi les officiers de carrière, le plus grand nombre, semble-t-il, est marié.

Alors qu'autrefois, les veuves d'officiers de carrière pouvaient vivre, médiocrement certes, mais honorablement, avec le revenu dotal et leur pension, celle-ci, seule, est absolument insuffisante. Il faut donc chercher à y remédier.

A ce cortège des veuves d'officiers de carrière, se joint plus nombreuse et plus désolée encore la théorie, presque infinie, des veuves d'officiers de réserve. Il en est de toutes les sortes, appartenant à toutes les classes sociales et si beaucoup sont de familles aisées, la plupart n'ont aucuns moyens personnels et ont tout perdu par la mort du mari. C'était une existence qui commençait dans la joie, avec les beaux espoirs d'une jeunesse confiante et qui s'effondre dans le désespoir. Qui sait si la balle qui a tué l'homme dans la tranchée n'aura pas fait deux victimes.

Tel est pourtant dans les cœurs le goût de vivre que beaucoup, malgré la misère qu'elles prévoient, s'attachent dès à présent aux devoirs qui leur incombent, — la maternité d'abord. L'enfant doit être la sauvegarde de la mère ; la mère doit être la sauvegarde de l'enfant. Si l'on prétend aider les veuves et les orphelins, ce ne saurait être en broyant leurs personnalités, en imposant aux enfants de pères et de mères croyants cette école, neutralisée aujourd'hui pour attirer les adhésions, demain laïque, après-demain athée. Ce n'est pas seulement dans la religion de leurs parents que les enfants doivent être élevés : on ne doit pas leur concéder seulement le droit de demander un prêtre, comme tout à l'heure encore, aux agonisants dans les hôpitaux. Il faut aux enfants l'éducation maternelle et en même temps la pratique de la religion où ils sont nés et dans laquelle leurs pères sont morts, le culte des héros dont ils sont les fils et de la patrie à laquelle ces héros ont donné leur vie. Faire de ces enfants dont les pères étaient des patriotes et des croyants des internationalistes et des athées, non, non, à aucun prix, non !

Eh bien ! puisqu'il faut s'efforcer que les mères gardent la direction morale et même intellectuelle de leurs enfants, que l'on ne saurait, sauf des circonstances particulières, désirer pour ceux-ci l'internat, surtout à la façon dont il était compris dans les règlements primitifs des maisons Napoléon de la Légion d'honneur ou des lycées impériaux, il faut aviser.

Pour le moment, il n'est que de compter sur soi, plus tard pourra-t-on recevoir des secours ou former des alliances.

D'abord, ces jeunes femmes doivent apprendre que d'honnêtes gens s'occupent d'elles, sont à leur disposition pour leur donner des avis, des conseils, des directions, les aider dans leurs démarches, s'efforcer à leur procurer des emplois ou des occupations, et à leur enseigner par l'ouverture de certains ateliers de travail pratique, les moyens de gagner quelque argent.

Il faut y prendre garde : dès à présent, contre ces jeunes femmes, la chasse est ouverte. « Que direz-vous, m'écrit l'une d'elles, de ces messieurs qui, pour avoir rendu un léger service, nous font une cour assidue et attendent de notre déshonneur le paiement qu'ils se croient dû ? » Et elle ajoute : « Dites-leur que la cour la plus discrète est pour nous une très grande offense. »

Voilà parler net et parler juste, à la française. Si dans la rue, les vieux marcheurs deviennent insolents, il suffira aux veuves de faire appel au premier soldat qui passera, au premier homme de cœur. Mais ce n'est pas dans la rue qu'elles ont besoin de protection, c'est dans la vie. Il faut qu'elles s'unissent en une grande mutualité, où tous les patriotes pourront entrer comme membres bienfaiteurs, comme membres honoraires, où seront organisés par des dames membres honoraires, veuves d'officiers, elles aussi, des visites qui établiront des liens de solidarité et d'adoption. Des statuts très simples prévoiront la plupart des cas, et grâce à leur souplesse s'adapteront à ceux qui auront échappé d'abord. Le secours mutuel, ce n'est pas seulement de l'argent, c'est de la confiance, c'est de l'affection, c'est, *dans l'égalité*, l'accomplissement des mêmes devoirs ; c'est une assurance contre la maladie physique et aussi contre la détresse morale ; c'est pour les enfants — nous y arriverons peut-être — le problème de l'éducation résolu.

L'aide immédiate d'abord : cela est bon et depuis le mois d'octobre, j'ai, grâce à quelques amis, pu l'offrir à une centaine de veuves ; cela soulagera bien des détresses; mais c'est l'œuvre d'aujourd'hui. Ce n'est pas le secours, qu'elles seront obligées de demander, que les veuves, justement fières d'avoir donné elles aussi à la patrie la part la meilleure de leur vie, garderont à travers les années, sans s'abaisser et sans déchoir, ce deuil qui doit être leur honneur, leur décoration et leur sauvegarde. Il faut que, par la mutualité qui élève les âmes et qui ennoblit les cœurs, qui serrera des liens entre toutes celles que les mêmes douleurs ont frappées, qui établira des droits pour toutes les participantes, des devoirs entre tous les membres, il faut que par la mutualité — telle que la comprennent les mutualistes sincères, ceux qui n'ont cherché que la diminution de la misère humaine et le développement de l'altruisme — le problème posé soit résolu; qu'il le soit avec le concours de toutes les bonnes volontés, dans la liberté, la justice, le respect de la conscience individuelle et de la dignité féminine.

Écho de Paris, 18 avril.

LA BLANCHE

Interdire l'absinthe, cela est bon. Interdire le poison quel qu'il soit, serait mieux.

Il y a cinquante ans, dans nos campagnes, on buvait du vin, car on cultivait la vigne. Dans l'Oise, dans Seine-et-Oise, dans Seine-et-Marne, des centaines et des centaines d'hectares étaient plantés en vignes. Ces vignes donnaient un petit vin suret, agréable, léger et frais, mais qui, de récolte en récolte, devint pire. On ne pouvait plus le boire que d'une main, en se cramponnant de l'autre à la table. Il fallut y renoncer, même les plus obstinés, et boire autre chose, qu'on achèterait. Ce n'est pas plaisant, pour le paysan de France, d'acheter sa boisson. Il essaya du cidre; mais, pour faire du cidre, il fallait des pommes, et dans nos terres, outre que le pommier ne prospère pas comme en Normandie ou même en Bretagne, on ne saurait, vu la cherté du terrain et les modes de culture, lui octroyer toute la place qu'il lui faut pour se développer et s'étendre.

D'ailleurs, le paysan de chez nous n'aime point sortir son argent; il buvait bouteille quand le vin venait de sa vigne, il en était généreux et même prodigue; c'était là ce qu'il aimait offrir et l'on n'était point compagnons tant qu'on n'avait pas choqué les verres. A présent qu'il devait payer le vin d'Algérie, de Tunisie ou le vin du Midi à la place de son vin à lui, du vin de chez lui, du vin pour lequel il ne ménageait certes point sa sueur, mais en ne la comptant pas, le vin dont il était fier comme d'un enfant à lui, il en but moins et il n'en offrit plus.

Par contre, il se trouva, voici quelque quarante ans, qu'un individu, Normand vraisemblablement, s'avisa que puisqu'on brûlait les résidus de pommes pour en faire de l'eau-de-vie — dite calvados — il serait tout aussi facile de brûler des prunes, dont on tirerait d'autant plus d'alcool qu'on ne les aurait point pressées d'abord. Ce serait tout le jus qui serait utilisé, et comment! Cet homme ingénieux prêcha les uns et les autres; dans des tonneaux vides on entassa d'abord les prunes pourries, puis celles qui étaient mûres et bonnes à manger, et puis celles qui étaient vertes. Dans les vergers, on vit, dans une nuit, disparaître la récolte qui s'en fut aux tonneaux. Là, la prune pourrissait, noyau compris. On ajoutait tous les autres fruits qui traînaient et, de ce temps-là, les propriétaires de jardins apprirent qu'une étrange maladie s'était abattue sur leurs arbres, dépouillés soigneusement d'un coup de toute leur récolte. Il n'arrivait plus un fruit sur la table; tout passait au tonneau.

Ainsi s'accumulaient dans les caves d'étonnantes réserves de fruits pourris.

Pourtant l'homme ingénieux avait acheté un alambic, monté sur un chariot. A l'hiver, devant chaque maison, il l'amena et il distilla les fruits bien ou mal acquis. Il *brûlait*, à la diable, avec un stupéfiant empirisme. Il ne s'inquiétait que fort peu du *degré* — sachant que les « rats de cave » s'en mêleraient — et quant à la nocivité du breuvage, il s'en souciait comme de sa première prune. Nul n'allait y regarder : c'était réservé, disait la loi, à la consommation familiale. En effet, à plein verre, tout le monde en but : hommes, femmes et enfants. Ces enfants, alcoolisés ainsi, firent la stupeur du dispensaire où on les conduisit. Le père, un excellent garçon, disait : « Que voulez-vous? On est entre soi, on cause. Le gosse est insupportable. Il demande une goutte. Il faut bien arriver à la lui donner. » Un grand-père, très brave homme, auquel on disait : « Mais vous voulez donc tuer votre petit-fils? — Comment ça, répondit-il, un peu fâché; c'est tout bon fruit, tout fruit de cheux nous. » C'était l'argument sans réplique. Il n'est pas de fruit poussé sur sa terre qui puisse faire mal au paysan.

Au palais, c'est un goût poisseux et fade, sans aucun agrément; aussitôt la drogue avalée, c'est une brûlure atroce qui, c'est le cas de le dire, tord l'estomac et les boyaux; cela ne réchauffe pas, cela brûle, et cette brûlure persiste. De plus, la présence du noyau de la prune, distillé, lui aussi, avec le reste, introduit une nocivité supérieure. Un de nos amis, le plus compétent sans doute qui soit à Paris, voulut bien analyser ce breuvage, et il dit : « Il y a là un principe le plus toxique que j'aie rencontré. Le cobaye n'y résiste pas une seconde. » Buvez donc, bonnes gens, buvez le terrible poison; buvez-le à plein verre, car vous ne devez point en conserver d'une année sur l'autre, sous peine de poursuites et d'amende. Gardez-vous de le laisser vieillir et perdre quelque peu de sa force assassine. Qu'est-ce près de lui que l'alcool de vin, que l'alcool de pommes, si néfastes soient-ils les uns et les autres! Voici le vrai fléau de nos campagnes du Vexin, du Parisis, du Valois. On l'a sous la main, il ne coûte rien, et on le boit à même.

Autant, peut-être plus que l'absinthe, c'est là le poison; mais qui donc, sous un régime parlementaire, osera formuler l'abolition du privilège des bouilleurs de cru? L'absinthe a été proscrite, ce fut par décret, au début de la guerre. Et puis, si bien des gens buvaient de l'absinthe — et n'en est-il pas qui en boivent encore? — une minorité seulement s'enrichissait à la fabriquer. Ici, l'on n'aura pas contre soi que ceux qui boivent le poison, mais tous les Français économes, qui ne veulent point perdre les fruits de leur récolte et qui, plutôt que de les perdre, se tuent à les boire.

Une mesure de salut public, voilà ce qu'il faut. L'exemple est venu de loin, il est venu de haut. La vodka est bien autrement innocente que la *blanche*. Il n'est plus question de la vodka. Elle est brûlée; c'est une fin qui sied à l'alcool.

Le Gaulois, **20 avril.**

L'UNION DES VEUVES

Le projet d'établir une société mutuelle entre les veuves de la grande guerre a reçu des adhésions et des approbations qui encouragent à le réaliser le plus tôt possible. Plus tôt cette société fonctionnera, plus elle rendra de services. Assurément elle débutera humblement. Les ressources qu'elle a réunies ne lui permettent point des frais de publicité; et elle ignore les moyens de lancement financiers. Si elle est contrainte par la suite à des frais généraux, au cas qu'elle s'étende à un très grand nombre des veuves, ces frais seront autant que possible supportés par des bonnes volontés, et, sauf. les imprimés et les timbres, elle n'aura guère de paiements à faire en argent.

Le propre des Mutualités est de développer l'altruisme. Dans une société que je connais bien, que je dirige depuis quarante-cinq ans et

qui devait cette année même fêter son cinquan-
tenaire, les frais de gestion se sont élevés durant
le dernier exercice, pour cinq cent dix membres
participants et quatre-vingt-sept honoraires, à
28 fr. 60. Assurément il est d'autres façons de
comprendre les affaires, mais nous resterons, si
vous le voulez bien, dans le mutualisme.

Les mutualistes auxquels je m'adresse, c'est-
à-dire toutes les veuves de la guerre, peuvent,
selon leur situation de fortune et leurs charges,
être membres bienfaiteurs, membres honoraires
ou membres participants.

Toutes les personnes qui veulent s'intéresser
aux veuves de la guerre peuvent être membres
bienfaiteurs ou membres honoraires.

Elles sont agréées par le conseil provisoire,
composé des fondateurs, en attendant que l'assemblée générale accepte les statuts définitifs,
et statue sur les présentations.

La cotisation des membres honoraires et des
membres participants est fixée à 5 centimes par
jour, 18 francs par an. Cette cotisation donne
droit, en cas de maladie constatée par un certificat médical établi selon certaines règles, à une
indemnité journalière de 2 fr. 50 par jour, durant
soixante jours. On ne saurait, vu la dispersion
probable des sociétaires, penser à fournir les

soins du médecin et les médicaments, mais, calculée à ce taux, l'indemnité de maladie, qui n'est généralement que de 1 fr. 50, suffit à se les procurer. La société assure encore aux participantes, en cas de décès, un enterrement convenable.

Quant aux enfants, il sera possible d'adjoindre leur mutualité enfantine à celle des mères et de fournir aux mères moyennant une cotisation annuelle de 6 francs, une indemnité de 50 centimes par jour de maladie.

Voilà les grandes lignes. De fait, il n'est pas possible d'innover en matière de mutualité. Les règles sont posées par la loi de 1850 complétée par celle de 1898. Pour obtenir l'approbation de l'État et participer à ses subventions, il convient d'adopter les statuts types et de prévoir même un fonds de retraites. Mais l'essentiel est de se constituer, de recueillir et d'envoyer des adhésions.

Une telle société ne saurait avoir aucun caractère confessionnel : on n'a point demandé à ceux qui donnaient leur vie quelle religion ils professaient ; on ne le demandera pas davantage à leurs veuves.

Les objections qui ont été faites sont de divers ordres. On paraît craindre que l'égalité d'allocation ne soit pas conforme aux besoins; mais ces différences se trouveront atténuées par la création d'une mutualité enfantine près de la mutualité des veuves, Quant à l'égalité, elle est l'essence même du secours mutuel. Une société ne fait point de charités; elle perçoit, administre et conserve des ressources auxquelles chaque sociétaire a *le droit* de participer dans des occasions prévues.

Aussi bien, pour des cas particuliers, et à côté des secours mutuels, la société pourra ouvrir une caisse de prêts gratuits qui, selon une appréciation dont le conseil sera juge, fournira aux participantes des avances jusqu'à un chiffre déterminé.

Ce sont là, au moins tels qu'on peut les envisager avec réalisme, les avantages matériels qu'une telle association peut procurer, mais, outre qu'elle devra fournir à ses membres des conseils pour la liquidation des pensions, les questions d'indemnités et de recouvrements, la perception des successions, etc., elle aura à étudier, d'accord avec les autorités compétentes, les questions d'éducation, à établir une entente avec les établissements d'enseignement privé où déjà des bourses sont offertes pour des externes ou même des internes, à entreprendre des placements pour des orphelins de mère, enfants d'un premier mariage du père décédé. Les collaborations dont on s'est assuré faciliteront un tel dessein.

Dans la mutualité telle que nous la comprenons, les règles immuables sont réservées à la comptabilité, à l'exécution formelle des statuts, mais, à côté, l'altruisme reprend ses droits. En ces jours-ci, devant ces milliers d'admirables et de glorieux sacrifices, devant ces victimes sanglantes offertes à la Patrie, à la race, à la civilisation françaises, ce n'est pas seulement par l'effusion vers les chers morts que nous pouvons tenter de nous rendre dignes d'eux; il faut que, par l'adoption de leurs femmes et de leurs enfants, nous assumions les devoirs auxquels ils ont préféré leur patriotisme. Il n'y faut pas beaucoup d'argent; il en faut sans doute; il en faut surtout pour les premiers besoins, mais il faut de l'amour. Il faut l'entr'aide; il faut la solidarité; il faut les pleurs versés en commun; il faut les prières communes; il faut le travail qui régénère; il faut l'égalité qui associe; il faut, par l'éducation des enfants, la préparation d'une France digne de ceux qui sont morts pour elle.

Écho de Paris, 23 avril.

LES FEMMES DE FRANCE
ET LA GUERRE

Au début de cette guerre, qui n'a été frappé de l'admirable résignation des mères et des femmes? La mobilisation, l'universelle mobilisation s'est accomplie sans une réclamation, sans une scène, sans un cri. Si l'on avait envie de pleurer, on renfonçait les larmes. Depuis la guerre de 70, l'éducation de la nation s'est faite : elle a coûté assez cher! Lorsque, sous l'Empire, l'opposition faisait rejeter l'essentiel de la loi militaire, empêchait le maréchal Niel et ses successeurs d'appliquer les articles qui avaient pu en être sauvés, c'était sur les femmes qu'elle dirigeait sa propagande antimilitariste. Depuis lors, l'effort des criminels pacifistes qui travaillaient à la Haye n'a pas même été connu en France et les femmes n'ont pas un instant partagé les flatteuses illusions des vieillards siégeant à huis-clos dans le temple de Janus, pour y couper en quatre les cheveux de Bellone. Elles savaient que le jour où les Allemands entreraient en guerre, tout le monde devrait partir, et, à celles qui ont du sang aux veines, il semble que ne point partir, ne point servir, pour quelque raison que ce soit, est un déshonneur. Elles n'ont point tort : car il faut à ceux qui ne servent pas une tare physique bien profonde ou une tare morale inguérissable.

Toutefois, si dures qu'eussent été les guerres de jadis, on en revenait. On se battait avec des armes qui à présent semblent presque des jouets d'enfants. Certes, il tomba bien des soldats dans la première partie de la guerre de 70, dans les batailles d'Alsace, sous Metz, dans les Ardennes, une armée, et combien belle et brave! Mais c'étaient officiers de métier et c'étaient soldats du contingent dont à peu près aucun n'était marié. Ensuite, il tomba encore des hommes, des soldats, des mobiles, des mobilisés; il en mourut beaucoup de maladie, mais sauf les mobilisés, combien étaient mariés?

Ici c'était la nation qui tout entière était appelée à marcher : les femmes restaient avec trois, quatre enfants; les mères dont les fils étaient adultes restaient seules avec leurs filles.

Et il y eut les premiers chocs. On apprit ce qu'était cette guerre, comment nous la faisaient, pour écraser le pays d'un seul coup, les barbares de l'Oder et ceux du Danube; on apprit ce qu'étaient ces machines de destruction auxquelles il fallait des trains spéciaux, des servants venus d'Autriche, et dont les projectiles écrasaient en trois jours une forteresse.

. . . .

Quelles femmes se révoltèrent... Elles firent mieux : quand les premiers furent tombés, ceux que la vigueur de leur âge désignait, et quand on appela les tout jeunes et qu'on appela les vieux, les maris plus que quadragénaires, les enfants de vingt ans et de dix-neuf, quelle mère tenta de soustraire son bien, son vieux compagnon, son jeune fils? Pendant que leurs fils et leurs maris donnent. leur sang, elles courent aux églises et elles donnent leurs larmes, elles donnent leurs prières. Que de fois dans ces matinées transies où nous accompagnions à l'église proche le corps d'un blessé mort à l'hôpital, nous avons deviné dans la pénombre, vers le maître autel, une foule prosternée; une voix grêle disait des paroles, et un brouhaha de voix pressées, donnant les répons, annonçait seul la densité des fidèles. Du petit monde, des servantes, des employées, des femmes allant à leur travail, entraient, se jetaient sur un prie-Dieu et avec une ferveur de supplication qui éclairait leurs faces mornes, elles restaient quelques instants et partaient. On a dit que c'étaient « les grandes dames », les dames qui n'avaient rien à faire qui venaient et qui viendraient aux églises; à huit heures du matin, dans ce quartier, c'est peu probable, — mais tout arrive.

C'est qu'elles y viennent aussi, comme les autres; même à cette heure, car elles sont mères et épouses, elles aussi; leurs fils et leurs maris se battent comme les autres, meurent comme les autres, souvent plus que les autres peut-être, car ils prennent la tête des attaques et ils les mènent. Et elles, beaucoup d'entre elles, se sont offertes pour soigner les blessés. Non pas elles seules, certes! Il y a place pour tout le monde, et, au chevet des blessés et des malades, il faut un dévouement de tous les jours et de tous les instants. Il faut le dévouement des braves gens qui à cinquante, soixante ans, souvent davantage, donnent par semaine une, deux nuits de garde dans un hôpital auxiliaire; dévouement obscur que ne récompense pas même un remerciement banal et qui est vraiment digne de louanges; il faut le dévouement des Sœurs, de toutes les Sœurs qui se multiplient, s'efforcent de ne pas perdre les gardes de nuit qui sont leur gagne-pain et doublent les veilles, quitte à rester sur la place; il faut le dévouement des infirmières, aussi bien celles qui assurent les services de huit heures à huit heures, tout le jour, que celles qui retenues par leur ménage ou par leurs devoirs familiaux donnent la matinée ou l'après-midi. Ce n'est pas sans dégoût, car, de certaines blessures, l'odeur est abominable et des soins à tout instant répétés lèvent le cœur; ce n'est pas sans péril, car même aux hôpitaux de l'arrière il y a de mauvaises plaies et, à les toucher seulement, on risque. Il n'en est pas une que cela arrête.

Ce n'est pas par là — il le faut croire — que certaines pèchent. Celles-là peuvent être altières, hautaines, polies tout juste, et le contraire de gracieuses. Elles peuvent manquer résolument de compétence et énoncer avec une sérénité tranquille des inepties prodigieuses, mais elles ne sauraient être lâches; et elles iraient sous le feu, gantées des mêmes gants immaculés, parées du même voile de batiste, sous lequel passe-raient, avec la même régularité, les mêmes frisons rapportés.

Il faut tenir compte des habitudes, des façons de faire et de l'éducation ; mais l'effort de toutes est admirable : à Paris et aux environs, plus de trois cents hôpitaux auxiliaires sont ouverts ; en comptant vingt infirmières par hôpital, et c'est un minimum, étant donnés les remplacements, à quel chiffre arrive-t-on ?

Et il est toute une catégorie d'auxiliaires dont on ne parle guère, et qu'il ne faut pas oublier, ce sont les filles de service. Gratuitement ou moyennant un salaire insignifiant, elles assument tous les gros ouvrages, elles montent les rudes étages, portant les plateaux, les bouteilles, les verres, les chaudrons ; elles tirent les tables, elles balaient au torchon humide. Est-ce pour leurs gages misérables ? Non pas ! Elles aussi ont au front un mari, un fils, un ami. Elles aussi s'absorbent dans les nouvelles de guerre et dans le communiqué. Elles savent, comme les autres, mieux peut-être, où ils sont et ce qu'ils font, et leur cœur s'exalte justement à la pensée que leur homme, parti soldat de deuxième classe, est sergent, adjudant, lieutenant... Qui sait ?

Qu'étaient-ce donc Lefebvre, et Augereau ; et Ney, et Victor ? Chaque soldat, comme alors, a le bâton de maréchal dans sa musette.

Vienne la mort de celui qu'elles aiment ! Les

désespérées même acceptent le sacrifice. Ah! quels pleurs, quels cris, quel affaissement de tout l'être; mais, parmi les plaintes, il n'est point de reproches. Par quels miracles du génie de la France et de la religion à laquelle elles s'attachent, la résignation entre-t-elle dans ces femmes en même temps que la douleur? On a entendu des mots qui ne venaient point de l'intelligence, mais de l'âme; celui de cette blanchisseuse de Lourdes, qui, arrivant au chevet de son mari mort, a dit : « Il a donné sa vie pour la France, il a bien fait. La France, c'était sa mère, je ne suis que sa femme. » Je ne me lasserai point de le répéter. Il est de ceux qui honorent une nation. Cette femme pourtant était dans un tel état de surmenage douloureux que, trois fois durant le court service, elle se trouva mal. Et, par un miracle de volonté, elle arriva au cimetière de Pantin, suivant à pied depuis Notre-Dame-de-Lorette, comme elle l'avait voulu, le corps de son mari.

De toutes celles que j'ai vues à l'hôpital, au chevet de leurs morts, de toutes celles que j'ai vues ou qui m'ont écrit depuis que j'ai entrepris cette œuvre : l'*Union des Veuves*, pas une qui ait eu un mot de révolte, pas une qui ait demandé pourquoi on lui a pris son unique soutien, l'homme de son cœur. Celles même sur qui le coup a porté si fort qu'elles demeurent comme stupéfiées, qu'elles gardent un silence obstiné et qu'elles fixent obstinément un point de la muraille, semblent attendre le miracle de l'impossible retour; mais elles ne se plaignent pas. Ah! qu'à celles-là comme aux autres, les enfants apportent le salut, qu'ils apportent la sauvegarde; c'est aux femmes des héros qu'il appartient de former pour la vie, d'armer les enfants des héros pour les rudes batailles qu'ils auront à livrer s'ils veulent garder leurs mains nettes, leur conscience pure, leur foi intacte. C'est là l'immense devoir qui s'impose à elles : continuer, par la génération nouvelle cette génération admirable dont s'enorgueillit la France, et qu'elle ne saurait assez pleurer avec elles.

Écho de Paris, **2** mai.

L'UNION DES VEUVES

Chez la plupart de ces jeunes veuves, une préoccupation domine toutes les autres : « Vous nous parlez, disent-elles, d'une mutualité pour le cas où nous-mêmes ou nos enfants serons malades. Mais, d'abord, avant tout, que ferons-nous de nos enfants ? Comment les élèverons-nous à continuer leurs pères ? Comment leur infuserons-nous l'amour passionné de la Patrie ? Comment les mettrons-nous à même de gagner leur vie sans bassesse, sans compromission, sans lâcheté, de les rendre dignes de ceux que nous pleurons ? On nous parle d'orphelinats, nous ne voulons pas abandonner nos enfants, filles ou garçons ! Nous ne voulons pas qu'on nous les prenne. Nous ne voulons pas qu'on les élève dans l'indifférence, la haine ou le mépris de la foi de leurs pères, de notre foi à nous, cette foi qui seule nous aide à porter le fardeau de notre misérable vie. Nous n'aurons pas d'autre héritage à leur transmettre qu'un livre de prières, un chapelet, un scapulaire teint de sang, trouvé sur le corps de leur père : nous voulons que ces reliques, deux fois saintes, ils les recueillent non pas seulement avec piété, mais comme un engagement, une consécration aux mêmes promesses. Nos enfants doivent être instruits ailleurs, puisqu'il le faut, mais ils doivent être élevés près de nous et par nous. Parlez-nous de leur éducation ! »

Voilà ce qu'elles disent, celles-là dont les filles arrivent presque à l'âge adulte et commencent à travailler ; celles-ci qui bercent sur leur sein des petits êtres que leurs pères n'ont pas embrassés et qui leur rient au milieu de leurs larmes. Certes, voilà le but, le but essentiel, car il ne faut pas, n'est-il pas vrai ? que « cette génération mystique et patriotarde soit restée tout entière dans les tranchées » ; il faut qu'elle surgisse de la mort, qu'elle s'épanouisse en beauté comme un lys de promesse et d'oblation. Il faut qu'elle lève de ce sol sanglant, de ces tombes mal closes, et qu'elle atteste, devant les hommes, la gloire et l'utilité du sacrifice.

Elles ne veulent point admettre que, sous prétexte de patriotisme et en raison d'un but politique ou social, on s'empare de leurs enfants, qu'on les emprisonne dans une caserne et qu'on les soustraie à leur autorité et à leur direction. N'ont-elles pas raison ?

On a parlé de fonder des orphelinats. On a parlé d'attribuer, de réunir ou de quêter des fonds immenses en vue de construire ou d'approprier des bâtiments à l'usage des orphelins de la guerre et de leurs pédagogues et de constituer un fonds perpétuel pour entretenir ceux-ci et ceux-là.

Quelle durée peut donc avoir une telle œuvre ?

Vingt ans au plus. — Pour une durée maxima de vingt années, on dépenserait un capital de vingt, trente, cinquante millions en bâtisses somptueuses où les mères n'ont aucun goût d'amener leurs enfants.

Ces cinquante millions, comme on pourrait mieux les employer ! Supposons qu'on les ait : on les verserait à la Caisse des dépôts et consignations, moyen infaillible qu'ils soient en bonnes mains, qu'il n'y ait affaire ni de caissier, ni de banquier, ni de placements, ni d'autre chose. A chacun des orphelins de la guerre serait attribué un livret individuel délivré par la Caisse des dépôts, donnant droit à une rente qui serait perçue par la mère tutrice jusqu'à la majorité de l'enfant, peut-être ensuite à un capital que l'enfant majeur toucherait et qui servirait à son établissement; le montant de ce livret individuel pourrait s'accroître en cours de route par des versements, des subventions, des dons, l'héritage d'autres bénéficiaires; cette fortune des orphelins serait administrée sans un sol de frais par les organismes d'État existants; il n'y aurait à redouter ni dilapidations, ni frais généraux, ni création de sinécures, et les mères bénéficieraient d'une subvention raisonnable qui viendrait s'adjoindre à la subvention d'État pour l'éducation des enfants. Que, pour grossir la subvention annuelle qui est l'essentiel, on supprime la réserve du capital, cela se peut étudier, mais ceux qui s'intéressent réellement aux enfants et à leurs mères adopteront sans hésitation cette solution.

Elle ne résoud pas tout le problème, mais elle y aidera. Le jour où chaque veuve sera assurée d'une subvention par tête d'enfant, indépendante de la subvention d'État, elle sera plus forte pour se défendre contre la tentation d'abandonner ses petits à des organisations dont son premier devoir est d'examiner soigneusement *la direction effective* avant de s'y confier.

Pour résister à de telles suggestions, pour trouver des renseignements, des conseils et des

avis, il faut à toutes ces femmes un centre autour
duquel elles se groupent et s'assemblent. Il faut
constituer entre celles qui ont les mêmes préoccupations et les mêmes besoins un lien qui leur
ouvre les unes aux autres des moyens de s'ap-
procher, de causer et de s'entendre.

Pour cela, il n'est qu'un moyen : une Société
de secours mutuels. Déjà cette Société, dont les
statuts sont à peine ébauchés, est assurée du
concours de maîtres illustres du barreau parisien prêts à donner leur avis sur les questions
particulièrement délicates que posent certaines
successions, la liquidation d'affaires souvent très
compliquées. Déjà, vers cette Société affluent les
prospectus des maisons d'éducation qui prendraient gratuitement des externes. N'y aura-t-il
pas moyen de recueillir, des pensionnats si nombreux à Paris et dans la banlieue, des adhésions,
afin que, selon les moyens dont ils disposent, ils
offrent un certain nombre de places — pour filles
ou garçons? Sans sortir de ses attributions et
grâce à une organisation qui s'improvise, — mais
n'avons-nous pas depuis neuf mois tout improvisé? — la Mutuelle qui a pris le nom d'*Union
des Veuves* pourra recevoir les propositions, les
classer, et prendre des informations, et, selon les
quartiers ou les localités où les adhérentes seront

domiciliées, mettre à leur disposition les places offertes. Il n'est que de vouloir pour que, à la Mutuelle, s'adjoigne un vestiaire alimenté par des dons particuliers ; de même que surgiront pour aider les participantes à augmenter leurs ressources des créations de l'esprit et des doigts français — où par surcroit il y aura un peu du cœur de certaines Parisiennes. Elles enseigneront ces arts vraiment nouveaux, où triomphent leur goût et leur adresse, et qui peuvent, — c'est le principal — être pratiqués à domicile. Si les débouchés s'ouvrent largement dans un grand pays frère du nôtre, dans tous les pays amis ou alliés, dans ceux où la neutralité politique n'a point effacé les liens d'ancienne amitié ; si la mode se mêle à l'estime, à la pitié, à la fraternité, alors on fera de belles affaires où chacun trouvera son compte.

L'œuvre assurément est lourde et pour l'entreprendre il faut quelque audace. Mais les adhésions et les encouragements arrivent de tous côtés, et à l'heure où les enfants combattent et meurent comme des héros, il appartient aux vieillards que leur âge retient hors de la mêlée de pourvoir à l'avenir, de préparer à cette génération que leur âge leur interdit de voir grandir, les moyens de se développer dans la foi paternelle, dans l'amour filial, dans la passion patriotique.

Et s'ils tombent en chemin, ils veulent croire qu'à des mains tendues, ils auront le temps encore de passer le flambeau de la solidarité française.

Écho de Paris, 11 mai.

LE CROCHET ET LE PILON

Un malentendu qui peut être de conséquence s'élève entre les mutilés et ceux qui, provoquant avec un dévouement admirable, une éloquence sans égale, un mouvement de sympathie et de pitié qui a produit des résultats que nul n'eût osé espérer, entreprennent de leur fournir des appareils leur permettant de rentrer dans la vie. Les mutilés et leurs parents se sont imaginé que le bras, la jambe artificiels ne leur donneraient pas seulement l'apparence, mais la réalité d'un bras, d'une jambe véritables. Ils ont cru que le pied qui est au bout de cette jambe serait leur pied, que la main qui est au bout de ce bras serait leur main, et qu'ils agiraient ensuite comme ils avaient toujours agi. Et, sous des impulsions qui paraissaient toutes naturelles, tous ont demandé un bras avec main, une jambe avec pied.

Sans doute est-il des mains admirablement imitées — en bois — et qui, pourvu qu'elles soient constamment revêtues d'un gant, jouent la main naturelle et peuvent rendre même des services; mais ce bras à main, tout comme la jambe à pied, est d'un poids considérable; l'un et l'autre sont des bijoux de fabrication d'une grande fragilité, exigeant un constant entretien. Ils ont une durée limitée et ne peuvent être réparés que par les spécialistes qui les ont exécutés, soit en France, soit hors de France : aux États-Unis en particulier. Voilà à coup sûr d'excellentes conditions s'il s'agit d'un amputé habitant la campagne, loin de la ville, se livrant à un métier manuel et obligé de compter de près pour vivre avec sa modeste pension et le produit de son labeur! On peut se demander ce qu'il fera de son bras artificiel le jour où quelque chose y sera dérangé, de la jambe si lourde que, chez ceux même qui y sont le mieux accoutumés, on sent l'effort qu'ils font à chaque pas.

Ce qui est essentiel, c'est l'appareillage, et c'est ce dont les amputés, et surtout ceux et celles qui les protègent, paraissent le moins s'inquiéter. On voit arriver, dans de brillantes automobiles, des dames qui portent le costume d'infirmière et qui réclament formellement une jambe pour *leur* amputé, lequel doit partir le soir même. N'ont-elles point pourtant l'habitude d'essayer trois, quatre, cinq fois, et durant des heures et des heures, les robes qu'elles savent porter avec tant d'aisance dans un salon ! Elles ne trouvent pourtant pas que les essayages soient trop longs s'il s'agit de mouler la taille, la poitrine et les bras ; mais un moignon, fi ! Un moignon ! Est-ce qu'on a du temps à perdre sur un moignon !

L'appareillage, voilà ce qu'il faut d'abord au mutilé, et cet appareillage, une fois bien fait, sans qu'on lésine sur ce point essentiel, et cela peut monter très haut, ce qui rendra le plus de service au manchot, ce sera le crochet, à l'uni-jambiste le pilon. Donnez un paquet à porter à un manchot, pourvu au bout de son appareillage d'une main artificielle, et vous verrez la main se briser ou le paquet s'effondrer — l'un ou l'autre, l'un et l'autre. Le manchot pourvu d'un crochet portera tout ce qu'il voudra, et, au bout de très peu de temps, exécutera, moyennant son crochet, quantité d'actes petits et grands qui lui allègeront la vie. Un crochet, cela se trouve partout, et, si l'un casse, le premier forgeron venu en ajustera un autre !

Et puis, ne pensez-vous pas que cette simula-

tion de bras et de jambes, fort bonne en temps
de paix, où, lorsqu'on fut estropié par un acci-
dent, on répare du mieux qu'on peut son malheur, où l'on s'épargne les sottes questions, les
pitiés vaines, les inutiles discours, où l'on
s'efforce à être et à vivre comme tout le monde,
quitte à souffrir infiniment et de la contrainte
physique qu'on s'impose et de la curiosité ou
même de la pitié qu'on éveille, ne pensez-vous
pas que cette simulation n'aura rien à faire après
la guerre ? Ces mutilés, ils doivent porter leur
mutilation comme ils portent leur croix d'honneur, leur croix de guerre ou leur médaille.
D'un de leurs membres, à défaut de leur vie,
ils ont fait hommage à leur pays. C'est assez
pour montrer qu'ils étaient aux bons endroits et
qu'ils ne s'y sont pas ménagés. Si une balafre
sur la figure a de la noblesse et même de la grâce,
si elle relève la mâle beauté d'un visage, si elle
est comme la signature de la foudre, qu'est-ce
de cette jambe et de ce bras ? Et que diraient
Bellavesne et Daumesnil, La Roncière et Cor-
bineau, Sonis et Pau, de l'idée qu'on semble
vouloir inspirer aux mutilés de dissimuler leur
gloire ? Il leur faut, et c'est là l'essentiel, un
appareillage de tout premier ordre, confectionné
de façon qu'ils n'en éprouvent aucune souffrance,

qu'ils s'y habituent et s'y trouvent à l'aise — cela coûtera cher, très cher, et il faudra payer tout ce qu'il faudra... Et puis, le crochet et le pilon.

Il faut qu'on sache qui ils sont, ce qu'ils sont, comment ils sont ainsi. Il faut qu'ils soient entourés de déférence et d'honneurs et que, partout où ils entrent, on se lève. Il faut faire mentir le pauvre enfant qui, l'autre jour, disait, dans un thé où on l'avait conduit : « Oui, sans doute. En ce moment, nous sommes des mutilés. Dans deux ou trois ans, nous serons des estropiés. » Et, à la façon de son pays, il disait des *stropiats.*

— Évidemment, pour ceux qui aspirent à entendre la musique de Wagner et de Strauss, à reprendre leurs entretiens avec les intellectuels allemands, pour ceux qui déclarent que « rien ne sera changé après la guerre » ; mais si ceux-là devaient faire encore la loi chez nous, il suffira d'un crochet pour les agripper et d'un pilon pour leur épousseter les côtes.

Excelsior, 11 mai.

NOTRE PARIS

Depuis neuf mois et quinze jours, tout a disparu et tout s'est effacé pour quelques-uns de ce qui était leurs goûts, leurs occupations, leurs plaisirs antérieurs : il y a la guerre : il y a les nouvelles bonnes ou mauvaises acceptées sans prétention de connaître plus de choses que le commandement n'a jugé opportun d'en dire; il y a les œuvres de guerre. Tout le reste est néant.

Assurément on ne saurait condamner à une telle forme de penser ceux ou celles qui prennent la guerre comme un prétexte à des divertissements inédits, à des randonnées émouvantes et à des toilettes cavalières. Pour donner des facilités de vivre à ceux qui y sont employés, on a laissé les théâtres entr'ouvrir d'abord leurs portes, puis en ouvrir les deux battants, et, à côté des théâtres, qui gardaient presque tous un sérieux et une tenue respectables, les cafés-concerts et les music-halls, où la plus basse pornographie alterne avec les couplets patriotiques, et les exhibitions de chairs féminines les moins voilées avec les apothéoses nationales.

Il a paru que Paris ne devait point être triste, et c'est ainsi qu'on a prétendu qu'il fût gai. L'après-midi, il est impossible à une honnête femme de passer sur le boulevard, peuplé sur certains points de filles qui s'assemblent, causent, rient et provoquent les passants. Il faut croire que la police des mœurs est mobilisée et partie pour le front, car la prostitution s'étale partout et s'adresse avec insistance aux demi-blessés qu'on laisse sortir des hôpitaux auxiliaires.

Notre Paris de septembre, d'octobre, de novembre avait une autre allure, et vraiment il est permis de le préférer. A présent, cette règle essentielle qui réservait l'affiche blanche aux communications officielles du gouvernement est violée à tout moment, sans que nul en prenne ombrage. Les naïfs voient l'affiche blanche, ils y courent, convaincus qu'ils vont apprendre quelque grande nouvelle : c'est un comité quelconque qui préconise un onguent pour les pieds ou qui annonce qu'il extirpe moyennant finances les cors et les œils de perdrix. Des affiches, d'ailleurs, l'afficheur en colle partout où son goût esthétique l'y incite : des affiches immenses, des affiches illustrées, des affiches où, par égard pour une loi ailleurs complètement violée, on a, sur un coin, imprimé une bande violette, jaune ou bleue, qui tire encore mieux l'œil sur le blanc du fond et le noir des caractères.

Où est le timbre ! Cherchez le timbre ! Il paraît qu'on s'en dispense ou qu'on en est dispensé. Ce sont là des œuvres de bienfaisance qu'on ne saurait trop encourager : assurément, pourvu qu'elles annoncent ce qu'elles ont reçu et ce qu'elles ont dépensé : ce qu'elles ont reçu, sans en rien omettre; ce qu'elles ont dépensé, sans en rien dissimuler. Récemment, au sujet de détournements importants commis par les employés de l'œuvre la plus puissante et la plus riche, des poursuites furent engagées; mais ces poursuites eussent ralenti, sinon arrêté, l'effort de générosité publique sur lequel on compte pour augmenter de quelques millions l'immense capital recueilli depuis neuf mois et dont aucun détail n'a été donné ni aucun emploi justifié. Brusquement le silence s'est fait. Nul n'a plus parlé ni des poursuites, ni des prévenus. On a chanté à la place un air de bravoure qui disposa les bonnes âmes à ouvrir leurs bourses aux jeunes personnes lâchées dans les rues pour une besogne de mendicité officielle.

Des comptes ! Cela n'est pas malaisé : deux additions et une soustraction. L'addition, ça va, mais la soustraction ! Assurément, quand il s'agit d'objets donnés en nature, elle fut encore plus facile, le Parquet l'a dit ; mais à qui la faute : au choix des employés ou à la surveillance illusoire ?

N'est-elle pas illusoire d'ailleurs, la surveillance appliquée aux étrangers indésirables ? Un Parisien très averti, dirai-je le plus averti, prétend que, dans deux au moins des grands restaurants de Paris, à l'heure du déjeuner et à l'heure du dîner, de tels individus trônent à trois tables sans le moindre embarras et en pleine sécurité. Mettons qu'il y ait une table au lieu de trois, n'est-ce pas déjà trop ? Mais comme on les encourage ! Un Allemand se fait passer pour Belge, et, pour se procurer un permis de séjour, vole, maquille le permis d'un Belge ! — deux ans de prison ! Voilà un individu qui, ayant fait son service en Allemagne, étant soldat allemand, est resté chez nous depuis dix mois pour espionner. Deux ans de prison ! C'est pour rien.

Les Allemands qui régnèrent à l'Enver dans Constantinople envoient sur le point le plus bombardé des Dardanelles des civils anglais et français, selon la méthode qu'ils ont inaugurée en Belgique et en France, où ils plaçaient les femmes et les enfants en avant de leurs colonnes d'assaut. L'Allemagne regorge d'otages français et belges, de personnages civils, inoffensifs, cueillis dans leur maison, au milieu de leurs familles : c'est ce qui reste après les exécutions sommaires de milliers de braves gens victimes de la barbarie. Nous — et par conseil de guerre, s'il vous plaît ! — après plaidoirie, réquisitoire, délibération : deux ans de prison ! Et la baronne, la baronne autrichienne dont l'époux devait prochainement envahir Paris en somptueux uniforme, qu'est-ce qu'elle prend la baronne ? L'air !

Un relâchement s'est opéré dans les ressorts, et ce n'est certes pas la faute des Parisiens véritables, lesquels ne réclament ni théâtres, ni bouibouis, ni filles, ni cafés, qui pensent uniquement à ceux qui se battent et à ceux qui meurent ; c'est la faute des jouisseurs de toutes les sortes, des exploiteurs de la bienfaisance publique, des protecteurs des indésirables. Rendez-nous notre Paris de l'automne, grave, sérieux, magnifique, silencieux, prêt à tout sacrifier pour la patrie... Je sais bien : il suffirait d'une panique.

Excelsior, 13 mai.

MUTUALITÉ

Bien que le développement de la Mutualité en France remonte à soixante-dix ans pour le moins, et qu'on ne se fasse faute nulle part et dans aucun parti de se dire mutualiste, il paraît par des lettres que je reçois, par des discours qu'on entend et par des déclarations qu'on lit, que si le mot est connu, la chose est formellement ignorée.

La *Mutuelle des Veuves* est fondée, les statuts sont rédigés, le conseil provisoire est constitué, mais, dirai-je, on nous a fait crédit sur notre bonne mine et beaucoup de ceux qui ont adressé leur adhésion n'ont pas l'air, aux questions qu'ils posent, de savoir ce que nous prétendons faire. Je voudrais le leur dire.

Le lien que nous voulons créer entre les Veuves de la Guerre est une Mutualité simple, sans espérance de retraites, ayant pour but de fournir à toutes les participantes, un appui matériel en cas de maladie, un appui et une entraide morale en tout temps : cet appui, la solidarité le leur donnera. C'est librement qu'elles l'auront recherché, c'est librement qu'elles en auront accepté les engagements : Les statuts formeront la loi égale pour toutes ; toutes paieront une cotisation égale; toutes auront droit à des allocations égales; toutes auront à remplir les unes vis-à-vis des autres les devoirs essentiels de la Fraternité.

Si jamais la devise républicaine est bien placée c'est au fronton d'une Société de Secours Mutuels. On ne saurait trop insister sur ce point. Quelle que puisse être la générosité des membres bienfaiteurs qui, avec les membres honoraires, apporteront un concours indispensable, matériellement et moralement, nul d'entre eux ne pourra faire fléchir les statuts, nul ne pourra y substituer son bon plaisir ; nul ne pourra faire attribuer un secours à une personne ne faisant pas partie de la Société ni introduire dans la Société une personne ne présentant pas les conditions requises.

La Mutualité n'est pas la charité.

De même, nul ne peut priver un membre participant de l'allocation de maladie selon les termes des statuts et nul ne peut l'augmenter en puisant à la caisse de la Société. L'allocation n'est point une faveur, elle constitue un droit. Le membre qui la touche l'a acquise par les versements réguliers qu'il a faits, par l'accomplissement de ses devoirs dans la forme que commandent les statuts ; la société a contracté vis-à-vis de lui une dette, et il n'a pas plus à être reconnaissant si la société remplit ses engagements que si, assuré à une compagnie sur la vie il touche ses primes.

La question d'argent, tout importante qu'elle soit, est loin d'être ici essentielle. Nous ne formons pas le rêve de récolter, par des souscriptions publiques, des sommes qui, si considérables que nous les rêvions, ne sauraient remplacer, même matériellement, près des veuves et des orphelins, les époux et les pères morts pour le pays. Si grand que soit l'effort de générosité, que pourra-t-il produire ? L'on a vu, à l'appel de Maurice Barrès, toutes les bourses s'ouvrir et l'argent affluer pour les mutilés : on recueillera près de deux millions, et cela est sans précédent qu'on sache, pour une souscription qui ne soit pas patronnée, favorisée et organisée par l'Etat, avec tous les moyens dont il dispose, les facilités qu'il accorde, et les illégalités qu'il tolère :

Deux millions, assurément, cela sera bien beau : mais n'y aura-t-il pas, *pour le moins*, certes! vingt mille parties prenantes, tant femmes d'officiers et de sous-officiers que de soldats ; deux millions de francs leur donneraient à chacune cent francs. Le secours serait insignifiant et sans efficacité. Pourtant, dès qu'on ouvre une souscription publique, on devient comptable des deniers reçus ; l'on est tenu de distribuer intégralement le montant de la souscription selon les termes dans lesquels on a fait appel au public. On doit compte de tout ce qu'on a reçu et de tout ce qu'on a dépensé. On ne va pas loin avec beaucoup d'argent qui ne se renouvelle pas et vouloir secourir tout le monde, c'est ne rendre service à personne.

Ce qu'il faut, c'est s'adresser à un nombre de femmes proportionné aux ressources que l'on peut raisonnablement espérer; c'est entreprendre une œuvre que puissent continuer celles-là mêmes auxquelles on s'intéresse, avec ou sans le concours qu'on leur apporte ; ce qu'il faut, c'est travailler pour elles et non pour satisfaire sa vanité, pour chercher son intérêt ou pour distraire son ennui. Une mutualité qui naît a besoin de nourriciers et d'éducateurs ; un jour vient où elle marche toute seule et se suffit à elle-même.

Ce jour-là viendra peut-être assez vite pour notre mutualité de veuves ; il viendra lorsque les choses auront pris leur assiette et que les situations seront définies. Encore faut-il qu'elles le soient. Jusque-là, à moins de tomber aux mains d'agents d'affaires véreux, où trouveront-elles les avis et les conseils dont elles ont besoin ?

Il est matériellement impossible que ces femmes, la plupart jeunes, sans expérience, habituées à recevoir les directions de leurs maris, deviennent dans la douleur où elles sont plongées, la proie de ceux qui guettent le peu d'argent qu'elles peuvent avoir, leur jeunesse, leur honneur et leur beauté. Les confidences m'arrivent : quelques femmes, qui sont *peut-être* des veuves, par des toilettes trop recherchées, par des robes à clair, étroites et fendues, donnent lieu à de fâcheuses suppositions, et semblent disposées à accepter, sinon à provoquer les consolations ; ce n'est point d'elles qu'il s'agit ; mais de celles qui, portant noblement et fièrement leur deuil, sont menacées de ne pas avoir de pain, et ont besoin d'une direction efficace pour vaincre l'incurie ou la mauvaise volonté des intermédiaires.

Veut-on des exemples : voici la veuve d'un

capitaine tué le 9 août : elle a été avisée officiellement de la mort de son mari ; mais, à la date du 5 mai, elle n'a pas reçu l'acte de décès officiel, et, faute de cette pièce indispensable, elle n'a pu ni toucher un coupon ni faire acte d'administration, et elle se trouve très gênée par ce fait même. En voici une autre dont le mari avait pris dans une banque un coffre à son nom, et qui, faute d'un acte de décès, ne peut rien en retirer. Les défaillances dans l'expédition des actes de décès ne se peuvent compter, et les conséquences en sont terribles. Voici un soldat tué le 19 septembre, dont la femme ignorait totalement le 1er février s'il était mort ou vivant ; un autre, tué le 11 novembre, dont la femme, le 16 mars, demandait des nouvelles ! Quant aux successions des soldats tués à l'ennemi, les petits objets, les papiers, les lettres, ce qu'ils portaient sur eux, ce qu'ils avaient dans leurs poches, qu'en fait-on ? . . . .

. . . . . . Pauvres reliques des morts, reliques teintes de leur sang sacré, qu'a-t-on à craindre d'elles ? Que révéleront-elles, sinon l'ardeur de leur patriotisme et la profondeur de leur foi ? A qui importent-elles, sinon à celles qui les attendent, certaines, depuis neuf mois ? Et que sait-on si, parmi des chiffons de papier, sur une page de carnet, ne se trouvera pas l'expression d'une volonté suprême, une direction de vie, au moins dans une lettre commencée, l'expression d'une tendresse que la mort n'a pu briser ?

Par centaines, les cas se présentent où les femmes réclament un appui, une direction, un conseil. Nous serons là pour les leur donner. Nous serons là pour les servir et leur faciliter les démarches pénibles ; pour les guider dans les méandres des bureaux, pour leur procurer au moins des renseignements, sinon mieux, et pour frapper aux portes qui tarderaient à s'ouvrir.

Notre conseil provisoire est constitué sous la présidence d'honneur de Son Éminence le cardinal archevêque de Paris et de Maurice Barrès, président de la Ligue des Patriotes.

L'atelier d'éducation, qui dépend de la mutuelle et qui forme une branche distincte de l'œuvre, est patronné par un comité de Dames patronesses, dont les noms seront publiés en même temps que ceux des douze membres de notre conseil.

La caisse de prêts a déjà reçu quelques dons qui lui permettront de fonctionner prochainement au profit des mutualistes, et comme, par suite des souscriptions publiquement ouvertes en vue de fournir des secours immédiats, nous n'aurons plus à pourvoir à la tâche que nous avions assumée depuis le mois d'octobre, les fonds que nous recevrons désormais formeront le capital de départ de la *Mutuelle des veuves :* aussi bien de notre société, bornée à la région de Paris, que des sociétés qui aspirent à se créer dans les grands centres provinciaux et qui, il faut l'espérer, seront en *union* avec la nôtre.

La devise des sociétés de secours mutuels : *Aimons-nous, aidons-nous*, est la raison d'être et le but de cette société, que nous fondons pour le service de l'armée et de la France et à laquelle tant de généreux dévouements sont dès à présent acquis.

Et c'est pourquoi nous espérons faire œuvre qui dure.

Écho de Paris, 19 mai.

L'AVENIR DES VEUVES

Aussi loin que je remonte dans mes souvenirs, je me vois petit enfant, vêtu de noir, vivant dans un petit appartement du quai de la Mégisserie entre ma mère et mes sœurs en grand deuil. Toute ma vie jusqu'à l'entrée au collège s'est passée là, entre le quai jusqu'aux Tuileries où me menait ma nourrice, Saint-Germain-l'Auxerrois, l'appartement au coin de la rue des Bourdonnais d'une vieille tante de mon père qu'on allait voir tous les dimanches et dont une seule fenêtre donnait sur le quai. J'avais le droit d'y jouer avec de vieux almanachs, point des almanachs illustrés, certes, mais des almanachs qu'on appelait alors almanachs de cabinet, où l'on voit seulement la succession des jours et des fêtes et l'énumération des saints. Comme l'énigme qu'ils portaient m'a fait rêver et quelles histoires sinistres et grandioses m'ont racontées ces morceaux de carton !

Ce furent là nos divertissements et nos joies. Chaque jour la solitude se faisait plus grande et l'abandon plus complet. Au lendemain de la mort de mon père, ç'avaient été visites, des promesses, des discours, des articles. Nul de ses camarades du Palais ou de la garde nationale ne manquait d'assurer que les enfants de Francis Masson seraient ses enfants; la République les avait adoptés, et elle se tira de cette adoption avec 300 francs par an. C'est un chiffre. Et puis il ne resta que cela : cette maternité de quinze louis.

Une femme enveloppée dans la dignité austère de son veuvage, des enfants accoutumés à la loi du silence et qui étouffent leurs rires et leurs éclats de voix comme si le mort était toujours là, ce n'est point pour attirer les gens frivoles; à ceux qui ne demandent rien et qui se laissent oublier, il est si aisé de ne point donner, même l'aumône d'un souvenir.

Et alors, pour les enfants, plus tard, quel poids à soulever et comme la pierre de cette tombe pèse sur eux! La mort de leur père, cette mort de laquelle ils vivent et dont leur mère leur a enseigné la gloire, qu'est-ce pour les gens qui les entourent au moment où ils ont à entrer dans le monde et à se faire une place! Qu'est-ce, sinon une très vieille histoire, à présent demi-oubliée et qu'on préfère laisser dormir? La guerre, est-ce qu'il y a la guerre? Les morts pour la patrie, qu'est-ce que cela ? N'avez-vous pas lu, de vos yeux lu, tout dernièrement, cette phrase écrite par un personnage qui n'était point délirant et qui ne parut même pas suspect : « Après la guerre il n'y aura rien de changé. Nous retournerons à nos amitiés, à nos admirations, à nos goûts de toutes les sortes »? Apprêtez-vous que ces messieurs vous disent, à vous, les veuves françaises, que vous êtes embêtantes; il leur faut les veuves joyeuses pourvu qu'elles viennent du Danube bleu ou du Rhin prussianisé, des veuves qui n'auront garde de réclamer de leur patriotisme un séjour aux tranchées ni un voyage au front!

Par bonheur, ce n'est point sur ce modèle que sont taillés la plupart des Français : ils ont, pour le moment au moins, un goût d'idéal, une passion de bien faire; ils éprouvent un altruisme qui les surprend eux-mêmes et leur bourse est constamment ouverte pour des appels dont ils ne se donnent même plus la peine de vérifier s'ils valent d'être entendus. Ils donnent à tous au petit bonheur, se disant que Dieu reconnaîtra les siens — et le Parquet les autres.

Il serait bon certes de profiter de cette générosité pour les veuves de la guerre, mais trop de
gens occupent le tapis et battent la caisse pour
faire admirer leurs tours d'adresse. Ceux qui
veulent marcher avec nous savent nous trouver;
aussi bien que le savent celles qui ont besoin de
nous. Pour celles-là, le jour arrive rapidement
où il faudra les renvoyer les mains vides, et quel
crève-cœur! En tant de cas, un secours immédiat est nécessaire, qu'on ne pouvait déjà offrir
aussi large qu'il eût fallu pour acheter des
vêtements de deuil, faciliter un déménagement,
payer des dettes, assurer au mort une sépulture
qui ne fût pas la fosse commune; on pourvoira
à ces besoins comme on pourra, tant qu'il y
aura un sou dans le tiroir qui s'épuise; on donnera tout ce qu'on a reçu, tout, puisqu'aussi bién
on trouve fermées les portes où, sur la foi d'un
écriteau, l'on eût été tenté de frapper.

N'importe, on s'en tirera. On souffrira un peu
plus. C'est peu de chose près de ce qu'on a déjà
souffert. L'essentiel, c'est l'avenir.

L'essentiel, c'est que ces jeunes femmes dans
deux, dans trois, dans dix ans, ne se trouvent
pas abandonnées et perdues, avec leur pension
de misère, leurs enfants qui grandiront, leur
deuil rendu plus âpre dans la solitude; qu'elles

n'aient point à pleurer honteusement sur elles-
mêmes, après avoir pleuré glorieusement sur
leurs morts. L'essentiel est qu'elles se groupent,
celles que la fortune a favorisées et celles que le
dénûment a atteintes, qu'elles mettent en commun leurs douleurs et leurs deuils, qu'elles
pleurent ensemble et que celles qui ont besoin
d'un secours moral portent aux autres le secours
matériel. Ce qu'il faut, c'est qu'elles se sentent
portées par cette grande vague de tendresse
humaine qui, des tranchées, doit déferler sur la
France entière. Ce qu'il faut, c'est que dans la
maladie et la santé, elles trouvent pour les
entendre, pour les écouter, pour correspondre à
leurs sentiments les plus intimes, des cœurs de
femmes éprouvés, comme sont leurs propres
cœurs, et par des désastres pareils.

Voilà ce que doit être notre mutualité, voilà
ce qu'elle est; de Paris, où les statuts sont
rédigés, où chaque jour nous apporte des adhésions de membres bienfaiteurs, de membres
honoraires et de membres participants, et où
l'assemblée générale constitutive aura lieu la
semaine prochaine, nous provignons à Nantes, à
Bordeaux, à Lyon et bientôt j'espère, à l'ombre
de ces tours de Reims, qui ont vu se lever et
grandir la monarchie française et qui, insultées

par la barbarie teutonne, assisteront au triomphe
définitif de notre civilisation et de notre race.

Que les mères qui ont perdu leurs fils apportent leur concours à celles que leurs fils auraient
pu épouser et qui eussent été les mères de leurs
petits-enfants; pour le souvenir, pour la prière,
pour les larmes, il faut se grouper, comme aussi
pour l'espoir, pour l'honneur, pour l'avenir; il
faut se grouper pour chercher ensemble la consolation et le salut, trouver ensemble les moyens
de vivre, pourvoir ensemble à l'éducation des
enfants et au culte des morts. Il faut se grouper
pour enseigner aux petits êtres qui n'auront
pour héritage qu'une épée sanglante l'amour
indéfectible de la Patrie, le mépris de la lâcheté,
l'horreur de la bassesse et de l'hypocrisie, la
sereine volonté d'affirmer à tout risque, en toute
occasion, sa foi religieuse, son respect familial,
ses convictions politiques; s'ils savent qu'il n'est
rien au-dessus de l'Honneur et de la Patrie et
que l'on doit mourir pour l'un et pour l'autre,
ils en sauront assez, mais cela n'est point si
facile de le leur apprendre et de préserver le
troupeau que mènent les veuves des leçons
impies des mauvais bergers.

Écho de Paris, 24 mai.

LES VEUVES DE LA GUERRE

LA MUTUALITÉ

Pour la dernière fois sans doute, je demande aux lecteurs de l'*Echo* de les entretenir de la *Mutuelle des Veuves*. Actuellement, nous y voyons clair. Notre assemblée générale constitutive va avoir lieu; notre conseil est composé; nos comités annexes sont organisés et, pour nous donner la marque la plus éclatante de sa protection et de ses bontés, notre président d'honneur, Son Éminence le cardinal archevêque, daignera présider, le mercredi 2 juin, à dix heures, en la chapelle des Carmes, 70 rue de Vaugirard, la messe qui sera dite par Mgr Baudrillart, recteur de l'Institut catholique et membre de notre conseil, « à l'occasion de la fondation de la Mutuelle des Veuves de la Guerre et pour le repos de leurs maris et parents tombés au champ d'honneur ».

C'est par une messe de Requiem, c'est par une effusion vers les morts, c'est par des prières pour leurs âmes que nos veuves inaugureront leur union. Pauvres morts tombés dans la tranchée, enterrés dans les trous d'obus, abandonnés dans quelque lazaret ignoré, pauvres morts assassinés par l'ennemi, ceux que quelque saute de vent a jetés hors de leur terrible machine et dont les restes brisés se sont écrasés à terre ; ceux qui reposent au fond des mers, demeurés chacun à sa place de combat sur le navire qui coulait, tous les morts, tous nos morts, elles veulent les embrasser dans une suprême étreinte avant de se tourner vers l'œuvre de vie qui doit absorber à présent leur activité.

Elles veulent placer sous la protection, sous le regard de leurs morts, cette union qui sera comme une continuation, une perpétuation de l'autre union contractée sous le feu, dans la tranchée, sur tous les fronts de cette bataille de dix mois, entre ceux qui offrent leur vie pour la France et ceux dont le sacrifice est accepté.

Pour recevoir les engagements qu'elles veulent former, le premier pasteur du diocèse daigne rentrer dans cette chapelle des martyrs et apporter, avec la grâce de sa présence, la noblesse d'une parole toujours merveilleusement claire, et dont l'éloquence réglée reflète si justement toutes les vertus de l'orateur. Cela n'est pas seulement un grand honneur, c'est la plus admirable des introductions. Cette cérémonie, dont le récit ouvrira les annales de la Mutuelle, affirme comme elle entend diriger ses actes et sans se restreindre au point de vue confessionnel, sans exiger d'aucún de ses membres des manifestations qui pourraient blesser sa conscience, comme elle entend demeurer dans la communion des morts, établir entre eux et les vivants d'habituelles rencontres, et préparer ainsi les suprêmes rendez-vous.

C'est par un tel acte, fidélité, souvenir, prière, que seront inaugurées, je l'espère, les Mutuelles, sœurs de la nôtre, en toutes les villes où elles s'efforcent à naître ; c'est par un acte religieux que les veuves affirmeront leur volonté de rester dignes de ceux qu'elles pleurent, de gagner honnêtement leur vie, d'élever leurs enfants dans les traditions paternelles, de leur enseigner le culte de la Patrie en même temps que le culte des morts.

Elles auront, ces jeunes femmes, un pressant besoin d'appuis et de conseils : Elles trouveront les uns et les autres dans nos Mutuelles, telles que nous les voyons déjà se dessiner. Elles trouveront les allocations en cas de maladie, les directions pour leurs démarches, les avis les plus autorisés pour leurs affaires, des indications pour se placer, pour utiliser leurs talents et leurs soins, des facilités surtout pour l'instruction et pour l'éducation de leurs enfants. C'est là l'un des objets principaux de nos préoccupations et de nos soins, et c'est sur cette éducation qui leur incombe qu'il convient d'abord d'attirer leur attention.

Elles assument une double charge; elles ont à remplir les devoirs paternels en même temps que les maternels. On se contente beaucoup trop facilement en notre temps avec ce qu'on appelle l'affection des enfants, et l'on justifie ainsi sa faiblesse vis-à-vis d'eux. Les générations nouvelles, depuis trente ans, avaient perdu le sens du respect, elles rejetaient la discipline, elles ne savaient point obéir.

Il faut penser que la vie militaire aura changé ces habitudes néfastes et que, à leur retour, les jeunes hommes auront acquis les vertus essentielles dont l'absence se faisait si cruellement sentir. Par l'insubordination, l'on arrivait à l'anarchie ; c'étaient à présent les parents qui subissaient les caprices de leurs enfants — garçons et filles — et la guerre a fourni bien des

occasions nouvelles où les filles se sont émancipées dans le temps même où les garçons apprenaient sur le vif que dans une armée, dans une
nation, dans une famille, tout est perdu, si les
chefs sont livrés aux caprices des enfants, des
citoyens et des soldats.

Si les veuves prétendent élever honnêtement
leurs fils et leurs filles, ce qu'elles doivent leur
enseigner d'abord, c'est le respect : le respect
pour tout ce qui vaut d'être respecté, et par là,
le mépris pour le reste, cette forme de mépris
qui ne se désintéresse pas, mais qui agit.

Ensuite, et naturellement, les enfants apprendront à obéir : dans la vie resserrée qu'ils
mèneront auprès de leurs mères, leur but devra
être de rester le moins longtemps possible à
leur charge, d'embrasser au plus tôt un métier
ou une profession, et comment s'y prépareraient-
ils s'ils se laissaient aller, devant la tendre faiblesse de leurs mères, à des fantaisies, des frasques, simplement à la conviction qu'ils en savent
plus que leurs mères, leurs tuteurs et ceux qui
leur portent intérêt ?

Qu'elles se gardent donc, les mères, de se
rendre esclaves, de laisser les enfants divaguer
dans leurs études, prendre le contrepied des
conseils qu'ils recevront ! Qu'elles ne vantent

point les qualités d'obéissance de leurs enfants en les encourageant à ne suivre que leurs propres volontés! Ah! les petits dieux! Comme il est temps de renverser leurs autels et d'y mettre à leur place ceux qui doivent être *honorés*.

C'est par l'obéissance que la France a été sauvée; non seulement par l'obéissance militaire, qui a plié toutes les volontés à subir un seul commandement, un commandement sans réplique et sans appel; cette obéissance qui a pu exiger tous les sacrifices et qui a rencontré toutes les abnégations, mais par l'obéissance civile, qui a fait abandonner aux mains directrices tous les droits dont les citoyens étaient le plus jaloux et qui a borné ses initiatives à des efforts de patriotisme et de charité parfois malencontreux, mais presque toujours désintéressés.

L'obéissance! Voilà la vertu qu'il faut garder des tranchées, enseigner aux enfants en même temps que le respect : celle-là sera la conséquence fatale de celui-ci. C'est par la renaissance du respect que serait sauvée la France de demain, celle d'aujourd'hui l'ayant été par l'obéissance.

Une expérience décisive a été accomplie depuis dix mois. Les mères n'ont qu'à se souvenir des périls que l'indiscipline peut faire courir à une armée pour se mettre en garde contre les dangers qu'elle apporte dans la famille. Il faut que leurs cœurs se raidissent contre les faiblesses où elles seraient tentées de chercher des consolations préjudiciables à ceux qu'elles veulent servir. Ce sont ceux qui ont été forts contre l'ennemi qui leur demandent d'être fortes contre elles-mêmes et à leurs voix se joindra la voix des pasteurs pour leur enjoindre de demeurer dans la maison celles qui commandent.

Écho de Paris, 31 mai.

LES VEUVES DE LA GUERRE

Il est impossible d'exprimer d'une façon sa-
tisfaisante les sentiments que semblent éprouver,
en présence du désastre qui les accable, les
jeunes femmes, dignes épouses des héros. Sauf
quelques-unes, chez qui la douleur excite la
parole et que leurs nerfs poussent à une agitation
trépidante et à une éloquence hâtive, la plupart
portent, dans l'abîme de leur deuil, les vertus
d'ordre et d'organisation qui sont le propre de
la Race. Devant l'inévitable, l'inéluctable, on ne
saurait dire qu'elles se résignent, mais elles se
taisent. Durant plusieurs mois, elles s'absor-
bèrent dans leur douleur au point de n'y vouloir
aucune distraction; il leur eût semblé alors que
ne pas penser constamment au cher disparu était
une sorte de profanation; le coup reçu, trop
dur pour leurs têtes blondes, les avait *sidérées*,
comme on dit des hommes qui, sans avoir été

blessés, ont reçu de l'obus éclatant près d'eux une telle commotion qu'ils perdent pour un temps l'ouïe, la parole, la vue, la mémoire, l'usage de leurs jambes; mais cela revient, même assez vite : chez la plupart des femmes, cela est revenu. Elles ont compris qu'elles avaient des obligations, des devoirs et des droits; qu'elles avaient à se défendre, elles-mêmes, leurs enfants, leurs morts; à se défendre contre le vice, contre la misère, contre la décadence sociale, contre la négligence des uns, l'incurie des autres et la bureaucratie, en particulier.

Elles sont venues dire à ce bureaucrate : « Mon mari avait dans ses poches quelques petits objets auxquels je tiens : des papiers, un chapelet, une montre, une bourse. Je sais qu'on les a recueillis. Quand pourrai-je les recevoir? » « Repassez dans un mois », a répondu l'homme. Hier, le mois était écoulé; elles sont revenues. « Repassez dans deux mois », leur a-t-on répondu.

Il faut que ces jeunes femmes se défendent! Assurément, la chose n'est point aisée. Il faudrait, pour prendre leur cause en main avec la certitude de la faire réussir, une autorité qui ne se rencontre pas communément chez ceux qui n'ont point suivi une certaine carrière, con-

tracté certaines alliances et formé certaines
amitiés. Encore, même à ceux-là, comme il
faudrait de volonté, de patience, d'obstination
pour surmonter les obstacles, remuer les iner-
ties, faire peur à ceux qui, embusqués derrière
des cartons verts, s'y sont creusé une tranchée
d'où ils tirent sur quiconque s'avise de troubler
les délices de leur farniente ou de ne point
rendre à leur autocratie l'hommage qui convient!
Où les hommes échouent, les femmes réussiront-
elles? Peut-être. Où les hommes, pénétrés de
leur impuissance et convaincus de l'inutilité de
leurs gestes, s'abstiennent, les femmes se dressent et elles s'obstinent. Vous verrez qu'elles
emporteront la tranchée des cartons verts et
qu'elles y reprendront leur butin.

L'union, l'*Union sacrée*, vraiment sacrée, peut
procurer aux veuves la force qui les fera vaincre.
Elles sont décidées à s'unir, et il eût fallu être
bien aveugle pour n'en point être convaincu
après cette admirable cérémonie de mercredi où
elles se sont groupées sous les auspices de
l'archevêque de Paris.

Aux Carmes, dans cette chapelle restée
intacte depuis l'époque où Marie de Médicis,
l'apporta de Florence pour la disposer en ce
paysage lointain, au-devant des immenses jar-

dins où les Carmes deschaux cultivaient les simples et distillaient l'eau de mélisse, au-dessus de cette crypte qu'emplissent les ossements des martyrs de Septembre, le maître-autel avec l'élévation admirable de ses étages superposés, les colonnes de marbre de couleur tranchant sur le blanc de l'albâtre.

Point de tentures; seulement, sur le grand tableau de l'autel, une draperie noire traversée d'une croix blanche et, sur l'autel même, les ornements noirs. Des deux côtés de la nef, si loin que porte le regard, des femmes en grand deuil qui prient. Le bandeau de crêpe blanc marque ce qu'elles sont. Quelques enfants en deuil sont auprès de leurs mères. Quand le clergé, si réduit par la guerre, le service aux ambulances, le service au front, les blessures et la mort, le clergé, une dizaine de prêtres, traverse l'église, allant au-devant du cardinal-archevêque, toutes ces femmes se dressent devant la croix qui passe, et alors, entre leurs rangs serrés et leurs masses noires, le cardinal s'avance, revêtu, par-dessus ses habits cardinalices, de la cappa magna, si longue, si large, qu'elle emplit toute la chapelle. Ce flot d'un rouge ardent roule dans l'église comme les flots du sang héroïque versé par les compagnons de ces femmes. Une impression si profonde, si tenace, qu'ont doublée cet office recueilli, ce célébrant grave et doux, ces chants les plus religieux qu'on pût entendre et d'un tel art, d'une telle noblesse qu'on n'en percevait que l'admirable spiritualité...

Ce matin-là, les veuves assemblées devant cet autel ont compris qu'elles étaient unies, et par un lien qu'il ne dépend des hommes ni de former, ni de rompre.

Aussi se sont-elles senties fortes contre la vilenie masculine, capables de lutter contre elle et d'en triompher.

Excelsior, 8 juin.

LA BATAILLE

Ces messieurs et ces dames qui s'impatientent de la longueur de la guerre, et qui, avec une habileté stratégique qui ravit leur incompétence, exposent comme ils s'y prendraient, sur chacun des fronts, pour obtenir, sans risque, des victoires décisives, ont-ils vraiment des fils, des frères, des neveux sur le front français? On est tenté de croire que, s'ils y connaissent quelqu'un, c'est un monsieur qu'ils ont rencontré en chemin de fer et qui place des boîtes de sardines.

A bonne distance, hors de la portée des canons, ils ont des amis. C'est à un endroit qu'ils appellent le front, mais il y a front et front, et celui-là est le front fuyant. On y rencontre une population qui n'a de militaire que le costume et qui pourtant devrait faire un mal terrible à l'ennemi, car elle est merveilleusement embusquée. C'est de là que partent les nouvelles dé-

primantes et plus ou moins affolantes, les insi-
nuations, les perfidies, les calomnies ; c'est de
là que partent aussi certaines apologies désastreuses et les tentatives d'attaque nocturne contre
tel ou tel. De là, par des systèmes ingénieux de
communication sans fil, interdits aux braves
gens, on répand sur Paris et la banlieue les
commentaires de Césarion. On s'évertue à provoquer la méfiance, à jeter le trouble, à nourrir de
mauvaises nouvelles certains canards parisiens.

Pendant ce temps, ceux qui sont dans la tranchée savent ce qu'il en est et comment ils rega-
gnent mètre à mètre, pas à pas, le sol de France.
Ils savent — ceux du moins qui depuis onze
mois bientôt tiennent campagne — combien
sont-ils, ceux-là ? — par quel miracle d'énergie,
de prudence et de magnifique endurance, le
grand commandement a organisé dans des conditions qui, à un moment, étaient désastreuses,
cette guerre nouvelle à laquelle il a bien fallu
s'adapter. Nul ministre de la Guerre, en France,
en Angleterre, en Russie, ne s'était douté que,
eût-on cent fois plus de munitions qu'on n'en
avait eu dans les guerres précédentes, il en faudrait mille fois plus. Comment ignoraient-ils de
quelle façon étaient armés les Allemands, quelle
était leur fabrication quotidienne ? Comment ?

Demandez à ceux qui ont désorganisé et aboli le service d'informations ! S'ils n'ont pas contremandé la fabrication du canon de 75, c'est qu'elle était trop bien partie pour qu'on pût l'enrayer ; mais s'ils nous ont laissé le canon, ils ne nous ont pas fabriqué de munitions en nombre suffisant, en nombre tel que ce système de guerre, dont mon illustre ami le général Langlois a été l'initiateur, pût être appliqué sans arrêt, sans secousse, avec la régularité mathématique qui l'eût rendu irrésistible.

Qu'y faire ? Cette guerre a dépassé, dans tous les genres, toutes les prévisions ; mais ce qui cause l'étonnement et l'admiration de ceux qui, sans parti pris, regardent ce qu'on leur laisse voir, c'est que, après des revers encore inexpliqués, sur qui l'on obtint seulement un coup de lumière aussitôt éclipsé, et dont après dix mois on n'a pas encore nommé les auteurs responsables, il y eut cette retraite dont certains épisodes sont à présent connus, cette offensive qui sauva Paris et dont aujourd'hui certains personnages civils ou militaires — civils surtout — essaient de s'attribuer les mérites — et la victoire.

Oui bien, la victoire ! Mais comment poursuivre cette victoire sans l'alimentation continue de cette tempête de fer et de feu à laquelle nous la devions. Alors, il fallut s'arrêter devant les fortifications peut-être improvisées par les Allemands. Je dis peut-être. N'y avait-il pas des carrières préparées, des magasins approvisionnés, des tranchées tracées? Ignore-t-on que jusque dans la banlieue nord de Paris, à la veille de la guerre, on tentait encore, à tout prix, des achats, qui eussent mis aux mains de personnages inconnus les points d'où l'on pouvait le mieux bombarder les forts, et, dans des carrières souterraines, déposer des munitions.

Est-ce que ce n'est pas à des organisations de cette espèce qu'on s'est heurté? A qui la faute? Il a fallu, avant de pousser plus loin, fabriquer ce qui manquait — ce qui manque partout chez les Alliés, ce qui abonde chez l'ennemi, au point que, sans parler de sa consommation et de la prodigalité avec laquelle il bombarde, nous et nos amis, depuis Belfort jusqu'à Dunkerque, depuis la Baltique jusqu'aux Karpathes, il fournit de munitions l'Autriche-Hongrie, sur le front italien comme sur le front russe, et la Turquie aux Dardanelles, au Caucase, en Syrie, à Suez et en Arabie! Qu'est-ce que peut être cette consommation? Comment y suffit-il? Quelles réserves a-t-il accumulées? Dites, messieurs les alarmistes!

Et on a tenu, et on progresse. Ah! ce ne sont pas nos hommes du front, du vrai front, qui dénigrent les avances dont chaque pas est payé par des centaines et des milliers de vies françaises, anglaises et belges. Ce ne sont pas eux qui estiment médiocres et insuffisants ces combats où jamais on ne déploya un tel héroïsme, cette bataille sans répit où se cousent l'une à l'autre des milliers de batailles, où les cadavres s'entassent de façon à former des remparts pour les vivants, où les voix presque enfantines encore de nos petits 15 s'accordent avec les voix graves des quarante-cinq ans pour chanter une *Marseillaise*, ponctuée de coups de baïonnette!

Il n'y a rien dans notre histoire militaire, si pleine, si débordante de gloire, qui vaille ce que nous voyons. Tant pis pour ceux qui ne savent pas voir.

Ils auraient pourtant un bon moyen : la plupart, sans être des jeunes gens, n'ont point cinquante ans. Ils ne sont contents ni du commandement, ni des troupes, ni des plans, ni des attaques; qu'ils aillent y voir, il y a de la place dans les dépôts, et justement on demande du monde pour le front — le vrai — et là, n'est-ce pas, chacun pour sa peau!

Excelsior, 15 juin.

L'UNION SACRÉE

Je l'ai vue, de mes yeux vue : ... en province.

Elle me parut aussi admirable qu'au mois d'août dernier, lorsque dans cette école devenue fameuse des Sciences sociales, j'eus l'honneur de siéger, sous la présidence de M^{mo} Paul Deschanel, en compagnie de M^{mo} Frank-Puaux, de Mme Estier, de M. Vaillant, de M. Barthou, de M. Klotz, de M. Buisson et de beaucoup d'autres personnes dont je retrouverais les noms, confondues pour la *Sauvegarde des Enfants*. M. Paul Strauss, sénateur, était l'âme de cette réunion, dont il fut aussitôt nommé secrétaire général, avec, pour adjoints, M. Reboillard, conseiller municipal de Paris, et M. Arthur Delpy, secrétaire de la société internationale pour l'étude des questions d'assistance. On voulut bien, en cette séance constitutive du 22 août, me désigner pour un des vice-présidents. L'exode survint, tout fut brisé. Au retour, dans le même local, un comité composé selon des idées assurément « union sacrée », se constitua ; il annonça sa formation par de magnifiques affiches. La plupart des noms qui avaient figuré dans le premier comité se retrouvèrent dans celui-ci, sauf une dizaine, le mien et celui de quelques personnes qui avaient dû paraître suspectes de penser mal, ce qui ailleurs s'appelle penser bien : car il y eut dès lors des gens qui jugèrent à propos d'élever un mur pour empêcher les Français de causer entre eux et de s'entendre comme nous nous étions entendus dès les premiers mots avec M. Vaillant et ses amis, — parce que nous étions des Français de bonne volonté, disposés à travailler de notre mieux pour les enfants du peuple, — d'où qu'ils vinssent et quelles que fussent les opinions de leurs parents.

Cette sensation si profondément émouvante de communion dans le patriotisme, dans la bonne volonté, dans l'amour de ceux qui sont faibles et qui souffrent ; cette sensation qui, depuis onze mois, soutient dans les maisons où l'on soigne les blessés les forces défaillantes, cette sensation-là, qui ne pouvait vraiment émouvoir que des Français et des Françaises, et qui est interdite à ces nouveaux arrivés dont on suspecte autant la nationalité que les intentions, cette sensation je l'ai ressentie puissamment il y a deux jours, à Bourges.

On m'avait appelé à Bourges pour parler de cette *Mutuelle des Veuves*, qui possède à présent son existence légale à Paris. Seule entre tant d'œuvres qui s'occuperont des veuves et des orphelins de la guerre, elle a voulu, avant de se manifester, se mettre pleinement en règle avec la préfecture de police, le ministère du travail et de la prévoyance sociale, et, grâce à la constitution de son comité, à la tenue de son assemblée constitutive, elle a rempli toutes les formalités exigées d'une société de secours mutuels approuvée.

Pour quoi d'ailleurs on ne l'a point appelée à participer avec les autres sociétés analogues aux délibérations instituées pour l'emploi de la fameuse *Journée* des orphelins. C'est une excellente affaire de suivre les règles. On arrive trop tard au dîner.

N'importe : notre tâche à Paris est en bonne voie, et aux adhésions que nous enregistrons, nous ne pouvons douter du succès. Mais il faut que le mouvement qui, grâce à l'*Echo de Paris*, s'est répercuté en province, se généralise et aboutisse à des réalisations. Mgr de Bourges avait bien voulu se rendre l'organe de quelques-uns de ses diocésains en m'appelant et en m'assurant, avec une hospitalité dont je suis profondément reconnaissant, un accueil que je ne pouvais attribuer à moi-même.

Lorsque je pénétrai à sa suite dans cette immense salle, qui contient de 2.500 à 3.000 personnes, et que je trouvai au premier rang le général commandant la 8° région, les représentants de la préfecture, de la municipalité, des sociétés patriotiques, littéraires, archéologiques du département, assemblés sans distinction d'opinions politiques, avec les femmes de toutes les classes, avec quantité d'officiers en tenue, pour entendre parler des deuils, des souffrances, des misères des veuves de la guerre, des tristesses que leur inspire leur abandon, je me demandai s'il serait bien possible qu'on m'écoutât sans impatience durant une grande heure, — d'autant qu'on annonçait ensuite une représentation de l'*Aiglon*, joué au profit des blessés par les jeunes filles fréquentant le pensionnat de Mlle Martin, le plus important de la ville.

Il est vrai que Mgr de Bourges se chargea d'annoncer la conférence en des termes éloquents, de même que, plus tard, le général Lefort voulut bien en tirer les conclusions ; mais

les auditeurs en avaient suivi l'exposition, et ils
avaient paru en approuver tous les détours. Je
leur avais dit comment nous comptions vivre, et
quels éléments propices s'étaient unis pour
former le comité, quelles précieuses adhésions
nous avions recueillies et quel plan nous avions
adopté ; je leur avais dit quelques-unes des
misères que nous avions rencontrées, quelques-uns des désespoirs que nous avions sou-
lagés ; je leur avais dit comment les jeunes
femmes avaient besoin d'appuis, de conseils, de
consolations, comment les liens qu'on formerait
entre elles, riches ou pauvres, serviraient à
assurer leur santé morale et leur santé physique,
et quels étaient les buts que se proposaient notre
section d'éducation et notre section de travail.

Car nous ne pensons pas que les enfants
puissent être séparés des mères ; nous ne
sommes pas de ceux qui prétendent substituer à
la seule autorité légitime les caprices de l'administration, des doctrines d'éducation apportées
d'on ne sait quel pays étranger, et la mainmise
d'un parti. Nous sommes de ceux qui demandons
que, pour chaque enfant, orphelin glorieux, la
mère reçoive, de l'État ou de la nation, une somme
qui serve à son entretien et à son éducation,
sous un contrôle exercé par des Français ou des

Françaises dont nul ne puisse suspecter l'origine, le caractère, la moralité ou le patriotisme, et qui soient désignés par les mères elles-mêmes sur une liste rendue publique et formée de représentants de tous les partis et de délégués de toutes les professions.

Ce que j'ai dit à Bourges aura, j'espère, produit son effet, et un comité se sera constitué grâce aux éléments qui avaient bien voulu s'offrir, — pourvu que la représentation de l'*Aiglon*, qui a suivi la conférence, n'ait point emporté les esprits sur les vers de mon illustre confrère M. Edmond Rostand, et n'ait point fait oublier ces dispositions généreuses. J'ai vu là un duc de Reichstadt de quatorze ans qui disait les vers avec une parfaite justesse, jouait en actrice consommée, et tenait la scène sans le moindre embarras ; j'ai vu un Metternich plein d'autorité, détaillant le mot et en appuyant le sens avec une maîtrise singulière ; j'ai vu une figuration vraiment surprenante, et de charmants décors.

Et on était un peu loin des *Veuves de la Guerre*, car enfin Marie-Louise...

Écho de Paris, 21 juin.

SYMPHONIE PASTORALE

On ne sait pas bien quel titre donner au morceau de musique que nous entendîmes à la fin d'août, l'an dernier. C'était une symphonie qui n'avait certes rien d'héroïque, mais dont nul n'eût contesté qu'elle visait à la fugue. A présent, on connaît à miracle la symphonie qu'exécutent un trop grand nombre de messieurs et de dames de tous âges : c'est la symphonie pastorale.

Certes, elle a ses charmes, et l'on comprend que l'herbe nouvelle paraisse préférable au pavé de bois et qu'on aime mieux coucher à l'ombre d'un hêtre que sous un toit brûlant. On ne saurait dire que cette fois la peur ait part à ce nouvel et individuel exode. Il n'y a plus de fuites en masse, de fuites en auto, au sortir d'un souper avec les messieurs en habit noir et les dames en robe ouverte, coiffées de chapeaux qu'eût dû mettre la Grande Mademoiselle pour tirer le canon de la Bastille. Il n'y a plus ces entassements dans les gares, où des êtres affolés, chargés de paquets comme s'ils avaient fui Troie en flammes, accostés de chats, de chiens, d'oiseaux, s'en allaient vers des lieux inconnus, qu'ils n'avaient point choisis, qui étaient seulement ceux où les mènerait le chemin de fer s'ils avaient la chance d'entrer dans un wagon.

C'est un bon petit départ de juillet, un départ tout gentil, tout simple, dont on ne pense nullement à s'excuser : « Nous allons à la campagne ». Ça n'a rien d'extraordinaire, et cela est passé dans les mœurs des honnêtes gens — et même des autres, témoin la bande à Bonnot — d'aller à la campagne. Ah! ce n'est pas que cette année on y aura toutes ses aises, à la campagne! On sera très malheureux : le facteur n'apportera les lettres qu'une fois par jour et le boucher, mal approvisionné, ne viendra que deux fois la semaine. Evidemment, il ne faut pas trop compter sur la régularité des trains — mais à la guerre comme à la guerre!

C'est justement cela qu'on oublie, qu'il y a la guerre. Les bons bourgeois et les bonnes bourgeoises que torture un goût d'herbe fraîche, qui voulent à tout prix voir pousser leurs fleurs, mûrir leurs melons et leurs pêches, semblent ne plus se douter que là haut, tout près, on se bat, qu'on meurt et qu'on est blessé. Les hôpitaux auxiliaires se dépeuplent, non de blessés, certes, mais d'infirmiers et d'infirmières. « Je viens vous faire mes adieux, vous dit-on d'un ton parfaitement égal, je pars pour la campagne. » Certains, qui y mettent un peu plus de pudeur, disent « pour les eaux » ou « pour la mer ». Cela porte une excuse : la santé avant tout!

Soit, si l'on est libre, si l'on n'a pris aucun engagement, si l'on n'interrompt pour partir aucune besogne nécessaire; soit, si l'on trouve que les devoirs qu'on a vis-à-vis de ses enfants et surtout vis-à-vis de soi-même, priment les devoirs qu'on a contractés vis-à-vis des malades, des blessés, des pauvres, des réfugiés; soit, si l'on tient que sa précieuse santé vaille qu'on mette la clef sous la porte des œuvres d'assistance et qu'on y écrive : fermé pour cause de villégiature; réouverture en novembre. Au jour des Morts, n'est-ce pas? Ça ne fait que quatre mois, où tout ce qui souffre crèvera à son aise. Comment donc! Monsieur ou madame sont à la campagne. Il sera bien temps qu'ils reviennent à la chute des feuilles. D'ici là, eh bien! d'ici là, les assistés se débrouilleront. Que ne vont-ils à la campagne, eux aussi? A vrai dire, ce serait une solution, mais les blessés et les typhoïdiques, les scarlatineux et les amputés n'y avaient point songé. Sans doute ne demanderaient-ils pas mieux, les Belges surtout!

Pour beaucoup des partants, il n'y eut pas seulement parole donnée, il y eut engagement écrit. Des dames ou des demoiselles ayant passé un examen et obtenu un brevet d'infirmière s'étaient fait inscrire et avaient souscrit un papier qui les *obligeait* à se rendre, à l'époque qui leur serait indiquée, à l'hôpital ou à l'ambulance désignés. Voilà bien de quoi charger leur conscience! Sur une carte, tout simplement, elles écrivent au-dessous de leur nom :

« *Partant pour la campagne, ne saurait prendre du service cet été.* »

Point de salutation, c'est trop cher; point d'excuse, c'est trop difficile : une pirouette.

Assurément, depuis onze mois qu'on est sur la brèche, il y eut des jours durs, mais ce ne fut point pour les dames et les demoiselles amateurs. Un certain nombre n'ont encore pris aucun service; d'autres ont occupé par de petites visites à l'hôpital les après-midi qu'elles ne pouvaient remplir par des *jours* et des thés. Ça les *amusait* de regarder les demi-blessés dont elles obtenaient la vague surveillance; elles s'intéressaient à leurs affaires et emmagasinaient pour les raconter à leurs amies l'histoire de leurs hauts faits. Et puis cela leur permettrait de dire qu'elles avaient *soigné* : nécessairement, elles avaient soigné, pansé, presque opéré de *grands blessés*, rien que ceux-là! elles avaient pour le moins vu trépaner, couper, percer, crever, lier. Et on n'eût pu leur confier même le soin de laver les pieds d'un homme débarquant du train! Si leur présence est si nécessaire, que ne restent-elles, les jeunes et les vieilles? En vérité, pour les vieilles, vaut-il tant qu'elles soignent leur chère santé? Pour les jeunes, vaut-il pas qu'elles apprennent, par l'héroïsme des hommes, qu'il convient de tenir sa parole?

Ceci n'est pas un conte : il y a à présent une crise dans les hôpitaux, crise de désertion. Pourquoi pas une petite loi Dalbiez pour dames, une réquisition aimable des infirmières, parties ou embusquées à la campagne? Pourquoi pas un rappel adressé à celles qui rompent leurs engagements d'avoir à les remplir? Où l'honneur ne suffit pas à imposer le devoir, un *compelle intrare* gentiment formulé produira les effets qu'il faut, et tout le monde s'en trouvera bien.

Excelsior, 23 juin.

RESPECT AUX VEUVES!

Je l'avais cru — et je m'aperçois que je me suis trompé — grossièrement.

J'avais cru qu'à ces jeunes femmes frappées en plein cœur, qui ont sacrifié à la Patrie leur bonheur et leur avenir, qui supportent sans se plaindre et le front haut le plus terrible des désastres, l'on tiendrait au moins compte de leur deuil, par des égards, du respect, un peu plus de politesse qu'il n'est à présent d'usage d'en témoigner aux femmes. Or voici ce que j'ai vu.

Dans le Nord-Sud, une jeune femme s'apprête à descendre à la station de Saint-Lazare; elle est toute vêtue de noir, avec, à son chapeau, le bandeau blanc des veuves. Elle tient par la main un petit garçon de trois ans, en deuil lui aussi. A l'allure, à la tenue, impossible de s'y méprendre, c'est la veuve d'un officier de carrière. Un peu avant la station, se lève au bout du wagon un garçon blond, haute taille, bien vêtu, des cheveux demi-longs, un air avantageux et fat, un chapeau de feutre à longs bords. Pourquoi n'est-il pas au front, celui-là? Qui sait? Il peint peut-être des paysages où passent des automobiles — à moins qu'il ne soit photographe-automobiliste : excellent métier.

Il pique droit sur la porte où se tenait la petite veuve avec son enfant, et, à la station, la jetant brusquement de côté, elle et son petit, il passe victorieusement. J'eus la sensation que c'était un Allemand resté chez nous, qui, en brutalisant une femme et un enfant français, complétait sa victoire sur l'homme qu'il avait tué. Pourtant il paraissait si à l'aise, si fort au courant des façons et des êtres, qu'il pouvait bien être né en France. Je retins l'injure qui me venait aux lèvres : à quoi bon? Il me sembla que j'avais été seul en ce wagon à sentir l'ignominie de cette injure, à m'émouvoir d'une grossièreté qui me paraissait voulue — et qui peut-être n'était que le fait d'une détestable éducation, d'une absence complète de patriotisme et d'une muflerie native. Pourtant!...

Seul, un petit blessé, dans un coin, avait vu le geste et, à la cantonade, il dit : « *Salaud!* » C'est tout ce que ça valait.

Tout de même n'y aurait-il pas quelque chose à faire pour apprendre à tous, même aux Français, s'il s'en trouve qui y manquent, le respect dû aux veuves de la guerre. Elles habitent la plupart dans les faubourgs ou dans la banlieue, loin du centre en tous cas. Elles ont à solliciter, à demander des renseignements, à chercher du travail. Elles prennent le Métro ou le Nord-Sud, et loin qu'on s'écarte pour leur faire accueil et honneur, il semble que certains individus prennent plaisir à les bousculer, à passer devant elles, à leur barrer le chemin. Pourquoi? Parce qu'elles sont faibles, parce qu'elles sont jeunes, parce qu'elles sont gentilles — certaines même jolies, — parce qu'elles sont pauvres ? Et il ne faut pas parler ici des propositions, plus odieuses que des injures ou des coups, par lesquelles elles se trouvent poursuivies.

Il me semble que tout homme de cœur, tout Français ayant conscience de son devoir devrait foncer sur les insulteurs; il me semble qu'entre soldats devrait se former une ligue où chacun s'engagerait sur l'honneur à ne point tolérer devant soi les façons d'un malotru ou d'un *naturalisé*, vis-à-vis des veuves de la guerre. Il me semble que ceux qui ont l'honneur de porter l'épée ont mission et charge de protéger les femmes — et ces femmes-ci en particulier. Ce sont là les mœurs qu'eussent pratiquées nos pères, ce sont celles qui faisaient l'orgueil de notre nation, qui assuraient par le monde sa réputation de galanterie et la revêtaient d'un extraordinaire prestige. Car ce n'était pas seulement dans les classes supérieures de la société, celles où avaient pu se perpétuer les traditions chevaleresques : ce n'était pas seulement dans l'armée, où les mêmes causes avaient produit les mêmes effets et où l'attachement à la gloire des armes avait entraîné au respect et à la protection des faibles; c'était dans la nation entière, où s'était répandue comme un dictame sacré cette sorte de religion des femmes et des enfants, qui avait été une des caractéristiques essentielles des grognards de la Grande-Armée. Ce n'est pas impunément qu'une nation passe sous les drapeaux, une nation entière. Ce n'est pas impunément qu'elle vit durant des mois et des mois dans une atmosphère de vertu civique et d'honneur militaire, qu'elle se repaît de gloire et qu'elle rêve d'immortalité. Lorsque nos soldats reviendront, ils apporteront de là-bas une mentalité nouvelle qu'ils imposeront, bon gré mal gré, à ceux qui ont trouvé moyen d'esquiver la tempête des obus et la grêle des balles.

Mais n'y a-t-il point à dire, pour l'excuse de la génération précédente, que les femmes n'ont pas été sans provoquer ce mouvement d'irrespect qui se manifesta à leur égard. Cette sorte de féminisme que produisait la fâcheuse adaptation de doctrines étrangères, avait pour but l'égalisation de l'homme et de la femme pour les emplois et les salaires ; elle eut pour résultat l'établissement d'une concurrence entre l'une et l'autre pour la plupart des places. La femme, se passant de l'homme, lui marquait trop souvent qu'elle le tenait pour un être grossier, bon tout au plus pour les gros ouvrages et les vilaines besognes. Elle sembla croire que les égards que l'homme lui témoignait la mettaient dans une sorte d'infériorité et elle les écarta, parfois avec rudesse. D'ailleurs si, selon cette doctrine, les deux sexes devaient être nettement égaux en droits, qu'avait-on à faire d'égards qui marquent une protection et qui attestent une infériorité? Donc, égalité légale des sexes, égalité des droits, suppression des devoirs. De là, par une pente naturelle, le féminisme menait à l'abolition des devoirs familiaux, à la destruction de la famille, à la suppression du mariage. Il était l'agent le plus actif de la dépopulation.

Or, pour tous les patriotes, cette guerre,

avec les terribles pertes qu'elle occasionne, doit,
pour que la France se relève, entraîner une renaissance de la famille, de la famille la plus nombreuse. Prenons garde d'abord à ces familles,
qui, privées de leurs chefs, n'en ont que plus de
droits à être protégées. Donnons à ces veuves
qu'entourent leurs petits enfants et qui ont tant
de peine à les faire vivre, non seulement du
respect, mais de la tendresse. Assurons-leur,
contre la maladie, à elles et à leurs enfants, des
soins et des remèdes. Prodiguons-leur les conseils de notre expérience d'hommes de loi, et
d'hommes d'affaires ; guidons-les dans leurs
démarches ; faisons pour elles ce que nous voudrions qu'on fît pour nos mères, nos sœurs, nos
filles. Dans la grande famille française, celles
qui souffrent le plus ont droit à plus d'honneur.
Les mères pourraient donc marcher au même
rang que les veuves : mais celles-là représentent
le passé ; elles ont eu leur part : celles-ci repré-
sentaient l'avenir, et le lys d'espoir qu'elles portaient s'est rompu dans leurs mains endeuillées.
Quelle détresse dans ces pauvres âmes et quelle
expression sur ces jeunes visages ! Quand elles
viennent nous voir, qu'elles s'inquiètent de notre
Mutuelle, comme elles rêvent de se rattacher à
quelque chose, de se réconforter par des soins

donnés à des sœurs de misère, de communier avec elles, et comme la douleur semblable autant que la semblable gloire rapproche, égalise, apparente les cœurs ! La voilà l'Union Sacrée, celle qui ne réserve ni surprises ni désillusions, et qui, étant faite de pitié, de tendresse et de patriotisme, est assurément ce que l'on peut voir de plus pur et ce qu'on peut trouver de plus noble.

Écho de Paris, 27 juin.

LES DÉPOTS D'ÉCLOPÉS

Ce ne fut qu'au mois de novembre, après trois mois de guerre, qu'on apprit à Paris l'existence de dépôts d'éclopés, sur lesquels on dirigeait du front les hommes momentanément indisponibles : les petits malades, qui en temps normal eussent été soignés à l'infirmerie du régiment ; les hommes recrus de fatigue ou profondément énervés qui avaient besoin de quelques jours de repos ; les hommes dont les pieds n'avaient qu'une gelure superficielle, les enrhumés, les fiévreux non contagieux, tous les hommes enfin auxquels un repos d'une dizaine de jours, avec une bonne nourriture et des soins de propreté, pouvait rendre le courage et la santé morale.

Le mot était mal choisi ; malheureusement il n'y en a pas d'autres dans la langue. *Éclopé* sonne mal. Il n'implique pas une idée directe de blâme, mais il est péjoratif. Blessé est noble ;

éclopé, non. « *Eclopé*, dit l'Académie, boiteux, estropié, dont la marche est pénible à cause de quelque incommodité. Il est familier », ajoute-t-elle. Le voici pourtant passé dans la langue officielle, devenu matière à quantité de circulaires et d'instructions ; il y a des *dépôts d'éclopés*, avec commandants, médecins, pharmacie, lingerie, appareils à douches, cuisines montées, magasins de vivres, d'habillement, de lainages — ils pourraient bien être mangés par les mites, les lainages, entre parenthèses — et bibliothèques. Il y en a même qui ont des musées.

Seulement ces belles choses sont venues avec l'été, et ce ravitaillement a coïncidé avec la diminution très sensible des besoins. Ils furent considérables.

Deux comités se créèrent simultanément à Paris pour tenter d'y pourvoir, dans la mesure au moins où le permettraient les ressources mises à leur disposition par le public. L'un de ces comités eut pour présidente Mme Jules Ferry, avec Mlle Javal pour secrétaire et M. Georges Odier pour trésorier. On trouve, parmi les membres : Mmes Viviani, Ferdinand Buisson, Charras, Delanney, Ferdinand-Dreyfus, Abel Ferry, Ledoux, Mirabaud, Patinot, Marcellin Pellet, Joseph Reinach, Sautter, Vernes, etc. On le nomme le Comité Lacroix, du nom de son président d'honneur, le général de Lacroix. L'autre comité, que j'ai l'honneur de présider, a pour secrétaire M. Eugène Lefèvre-Pontalis, pour trésorier M. Gaston Guyet ; il réunit dès les premiers jours les noms du duc de Broglie, du général de Chalandar, de Charles Chenu, de Henry Cochin, de Maurice Depret, de Victor Martin-Le Roy, des docteurs Pottet et Rogues de Fursac, d'André Soulange-Bodin et du professeur Widal. D'autres collaborateurs dévoués, tels que MM. Bernier, Estienne, Nano, Tenré, Treilhard, Mabille de Poncheville, sont venus se joindre à nous, ainsi qu'un Comité des dames, où d'admirables dévouements se sont fait jour, parmi celles que leur nom, leur beauté et leur fortune faisaient les reines du Paris mondain.

Ce qui nous avait déterminés à former ce comité, ç'avait été une lettre émanant du commandant du premier dépôt qui eût été ouvert. Il l'avait adressée à un de ses anciens camarades de collège, devenu le pasteur d'une des plus riches paroisses de Paris, et il lui avait exposé une première série de besoins : « Espadrilles et chaussons, chemises et caleçons, tabac et cigarettes, petits cigares, journaux, brochures, objets de toilette. » Aussitôt, la paroisse avait adopté

ce premier dépôt et, sans bruit, sans réclame,
sans souscription, par le seul travail des caté-
chumènes et par leurs seuls moyens, il fut et il
demeure le mieux pourvu de France.

Mais, à côté de celui-ci, d'autres s'ouvraient,
puis d'autres et d'autres. Dans nombre de villes,
des comités locaux se formaient qui, avec un
admirable dévouement, s'efforçaient à parer
aux besoins les plus pressants; mais combien
de dépôts étaient placés dans des villages,
dans des fermes isolées, loin des centres qui
eussent pu fournir des secours, combien en pays
évacué, à peu de distance du front, combien en
pays ruiné, où la plupart des maisons avaient
été brûlées par l'ennemi ! Il fallait aviser à ravi-
tailler ces dépôts. M. Joseph Reinach, dans le
rapport qu'il a présenté, le 2 mars 1915, au nom
de la Commission supérieure consultative du Service de Santé, a constaté que « certains de ces
dépôts étaient installés dans des conditions satis-
faisantes et dirigés par des chefs d'une haute
valeur..., et que d'autres étaient pitoyables »,
mais il faut ajouter que si certains chefs avaient
mieux que d'autres tiré parti des locaux, ils
avaient surtout lancé des appels qui avaient été
entendus. Ces lettres publiées dans le rapport
de l'*Assistance aux dépôts d'éclopés* (comité

Lacroix) prouvent que ceux qui avaient demandé furent naturellement les premiers à recevoir.

Nous adoptâmes un système différent de celui des correspondances : sur les appels qui leur étaient adressés par les chefs de dépôt, sur la nouvelle qu'un dépôt était formé en tel ou tel endroit, nos collaborateurs partaient munis de babioles dont le succès était assuré. Ils voyaient l'officier commandant et le médecin chef, constataient et enregistraient les besoins et, à leur retour, le Comité décidait la quantité et l'espèce des envois.

A coup sûr, on ne pouvait satisfaire à toutes les demandes : il en était d'indiscrètes; d'autres, qui passaient tous les moyens dont nous disposions. Le public avait été généreux, outre 69.000 francs en espèces, il nous avait apporté en nature, pour une somme au moins égale, des objets qui avaient été manutentionnés gratuitement dans huit ouvroirs qui nous avaient prêté un concours désintéressé et admirable. Nous n'avons eu aucune façon à payer pour les 8.800 chemises, les 6.700 caleçons, les 15.000 mouchoirs, les 13.400 serviettes que nous avons distribués. Mais ce ne fut là qu'une portion de notre effort, et il n'avait point le caractère particulier que nous souhaitions. Dans certains dépôts, quand nos amis y sont arrivés, les hommes étaient couchés sur le sol ou sur des planches ; nous avons donné 2.410 paillasses et 500 traversins ; les hommes n'avaient point de chaussettes : nous en avons donné 8.000 paires, avec 1.300 paires de chaussures et environ 400 pantalons ; nous avons donné 16.000 savons, des peignes, des glaces, des brosses ; nous avons donné des jeux de dames, des jeux de cartes, des jeux de loto, des jeux de quilles, des ballons ; nous avons donné des blagues, des pipes, du tabac, des briquets, du papier à cigarette ; nous avons donné des cartes-lettres, des crayons, des cartes postales, des couteaux ; nous avons donné des quarts, des assiettes, des couverts, du lait concentré, des pruneaux, de la moutarde, des confitures, du thé, de la semoule et du chocolat, pour 1.300 francs de chocolat ! Nous avons donné tout ce que nous avons jugé, pensé, espéré être utile, dont 5.376 francs de pharmacie réclamée avec instance par les médecins chefs.

« *L'eau, le lit et le son du canon*, a dit M. Reinach dans son rapport, *voilà l'hygiène du cantonnement de petits malades, de petits blessés et de convalescents qui doivent redevenir des soldats.* » L'eau, c'était fort bon, à condition que les soldats eussent, pour se laver, du savon et des brosses, pour s'essuyer des serviettes, pour reposer leurs pieds des pantoufles, pour laisser le moyen de réparer leurs effets des pantalons de rechange et des pyjamas ; le lit, c'était bon, pourvu qu'il y eût un lit, avec une paillasse au moins et, s'il était possible, un traversin, du linge de rechange, et, parfois des draps.

Lorsque l'on pense que l'effort parallèle de l'autre comité, *L'Assistance aux dépôts d'éclopés*, a produit à peu près les mêmes résultats, que les dons qu'il a reçus et distribués, en argent et en nature, ont été, à suivre le compte rendu qu'il vient de publier, sensiblement égaux, qu'il a appliqué une partie de ses fonds à l'*installation*, l'*hygiène*, l'*alimentation*, une autre au *secours moral*, il peut paraître qu'il a fallu tout de même quelque chose de plus que « *le son du canon* » pour rétablir les petits malades et les petits blessés des dépôts d'éclopés.

« L'instruction du quartier général ayant autorisé les commandants de dépôts à se mettre en rapport avec les représentants des œuvres diverses qui avaient été créées en vue d'apporter leur concours à l'armée par l'envoi de dons en argent ou en nature », nous n'avons rien à demander de plus et nous nous trouvons parfaitement satisfaits. Seulement, comme il est fort

possible, probable même, que notre tâche n'est
point terminée, comme il est vraisemblable que,
pour de nouveaux besoins, nous serons obligés
de lancer un nouvel appel; nous avons tenu
expressément à fournir, à un centime près, l'état
de nos recettes et de nos dépenses, avec les listes
des membres de nos comités, la liste des souscripteurs — en argent ou en nature —l'état des
dépôts visités, l'état et le nombre des objets qui
y ont été portés ou expédiés.

On prétendait récemment qu'il était mauvais
pour les œuvres de rendre ainsi des comptes
trop précis de leurs recettes et de leurs dépenses
et que le public devait faire confiance aux initia-
teurs, promoteurs et directeurs; qu'ils n'avaient
point à être soupçonnés, qu'ils devaient être pré-
sumés intègres, intelligents, éclairés et assez
instruits de Paris et de ses dessous pour n'être
point dupes. Tel n'est point notre avis, et
Charles Chenu, qui a lancé notre appel dans ce
journal, ne me démentira pas. Nous travaillons
au plein jour; nous voulons de la lumière sur
ce que nous avons fait et sur ce que nous faisons;
et, pour la faire, nous ne voyons aucune utilité
d'attendre la clameur du public ou une descente
de justice,

Le Gaulois, 4 juillet.

LES ORPHELINS ET LEURS TUTEURS

Nul n'ignore la compétence de M. Rollet en matière d'éducation. L'œuvre qu'il a fondée et qui devrait célébrer cette année son jubilé, le *Patronage de l'Enfance et de l'Adolescence*, a rendu depuis 1890 des services considérables et ce n'a été que justice lorsque l'Académie française, il y a quelques années, lui a décerné une de ses plus hautes récompenses. Dans une lettre qu'il adressait au *Temps,* il y a quelques jours, M. Rollet envisageait la question des orphelins de la guerre presque exactement de la même façon que nous l'avions fait nous-mêmes dans l'*Écho de Paris* du 11 mai. Toutefois, depuis lors, j'ai constamment réfléchi aux solutions que comporte le problème et aux faces diverses qu'il présente.

Il n'est besoin d'orphelinats que dans très peu d'occasions. L'enfant orphelin doit le moins pos-

sible être séparé de la mère qui, sauf les cas
d'indignité, ne saurait être privée du droit de le
conserver et de l'élever. La mère, pour l'entretien et l'éducation de l'enfant, doit recevoir de
l'État une pension que pourront accroître les
libéralités publiques. Cette pension, avec ses
annexes, n'appartiendra point à la mère, mais
à l'enfant, en sorte que dans le cas où, pour
une raison ou pour une autre, il serait retiré à
la mère, il serait suivi par la pension qui serait
servie soit au parent qui l'aurait recueilli, soit à
la maison où il aurait été placé.

On a parlé dans un journal du manque de
surveillance des conseils de famille et des
subrogés tuteurs et l'on a dit, entre autres choses,
que souvent, dans un conseil de famille, les parents
paternels et maternels étaient simplement repré-
sentés par des clercs de notaire. Que n'a-t-on
ajouté qu'à Paris certains juges de paix, présidents de droit des conseils de famille, convoquent
les parents à minute précise et les font, sans le
moindre embarras, attendre durant une heure et
demie ou deux heures. A Paris, pour cette cause
ou d'autres, — celle-ci en particulier : l'irres-
ponsabilité, l'incompétence et le manque de pouvoirs du subrogé tuteur comme des autres
membres du conseil — on ne s'attache pas assez

d'ordinaire à exercer des droits d'ailleurs si limités qu'ils n'existent pour ainsi dire plus et que rend illusoires la présence de gens d'affaires qui, appelés à remplacer les parents ou les amis désignés par la loi, se rendent facilement les maîtres de toute discussion juridique. Mais, à la campagne et dans les petites villes, il n'en va pas de même. Le mandat est tenu pour honorable en même temps qu'il paraît obligatoire et l'on ne pense pas à s'y soustraire. Assurément l'on sait qu'on déjeunera au chef-lieu de canton, mais le Français aime causer et discuter à table ; c'était la façon de nos pères et c'est la bonne. On y traite mieux les affaires et l'on s'entend.

Les fils de paysans ont moins à craindre l'absentéisme que les fils de bourgeois : mais cela ne fait pas qu'ils soient mieux servis. Le Code Napoléon a visé uniquement la conservation des fortunes ; il ne s'est nullement occupé de l'éducation, de la formation des caractères et des intelligences. L'État eût cru empiéter sur les droits de la famille s'il avait élevé une autorité rivale de celle du père ou de la mère, sous laquelle l'enfant doit rester jusqu'à sa majorité ou son émancipation. Le père, à défaut du droit de vie ou de mort que lui donnait la loi romaine, reçoit du Code, sur ses enfants, des moyens de

correction, parmi lesquels la détention durant
six mois; parallèlement à ces droits, dont la
mère veuve est revêtue presque entièrement,
rien n'indique qu'il y ait des devoirs. Rien n'est
prévu au sujet de l'éducation, sauf la contribu-
tion qu'y doit apporter dans certains cas la
femme séparée. Cela est dit d'ailleurs en termes
vagues, et tout ce qui est de cette matière semble
volontairement omis.

La protection de l'enfant est confiée à la
tutrice, uniquement à elle; le subrogé tuteur,
« dont les fonctions consistent à agir pour les
intérêts du mineur, lorsqu'ils seront en opposition avec ceux du tuteur »; le conseil de famille,
dont les pouvoirs se bornent à la nomination du
tuteur et à l'autorisation requise pour certains
de ses actes d'administration, n'a rien à y voir
et n'intervient qu'au cas de dilapidation des
biens ou de destitution de la tutelle. Et de quelle
gravité n'est-il pas d'intenter une telle action !
Il pourrait donc être souhaitable que cette lacune
fût comblée, au moins dans une mesure, par
l'extension des droits conférés au subrogé-tuteur,
ou par quelque combinaison inspirée de l'article 391, qui donne au père le droit de nommer
à la mère survivante et tutrice un conseil spécial
sans l'avis duquel elle ne peut faire aucun acte

relatif à la tutelle. Mais peut-on admettre qu'on arrache l'enfant à la mère et à la famille pour lui imposer la tutelle de la nation? Quel fonctionnaire est qualifié pour exercer cette tutelle? Dans un village, les agents de l'État sont le maire, ensuite l'instituteur, et, après, le garde champêtre. A côté de maires intelligents, avisés et raisonnables, on connaît des maires dont la mentalité est au-dessous de celle d'un cheval de charrue et qui ont reçu des œillères renforcées de quelque comité local; la plupart, étant donné le métier qu'ils devraient connaître, — et dont ils sont incapables, — signent ce que prépare le secrétaire de mairie, seule puissance effective et stable dans la commune; le secrétaire de mairie, ne faisant qu'un avec l'instituteur, le voyez-vous, par surcroît, tuteur des pupilles de la Patrie? Qui osera résister à ce despote? Quelle mère disputera ses enfants à celui qui tient tout dans ses mains, qui de fait correspond seul avec la sous-préfecture, — car seul il sait écrire et rédiger une lettre, — qui dispose des renseignements sur la fortune, la moralité ou les besoins des citoyens et qui les fournit selon son gré?

Supposons qu'une mère exaspérée, décidée à ne point sacrifier son enfant ou elle-même, s'insurge et fasse appel à une autorité supérieure ? Quelle ? Le sous-préfet, l'inspecteur primaire, le *Comité* du chef-lieu de canton ? Le meilleur serait encore le juge de paix. Mais le juge de paix est un fonctionnaire révocable *ad nutum*, qui n'offre, au point de vue de l'indépendance, que des garanties un peu vagues.

A défaut du conseil de famille qui serait le premier indiqué et dont les prérogatives pourraient être élargies en même temps que celles du subrogé-tuteur, n'y aurait-il pas lieu d'étudier l'idée d'un comité de pères de famille anciens soldats dont les fils auraient été tués, qui exerceraient sur les enfants des morts une tutelle officieuse, mettraient les veuves en garde contre certains périls et leur assureraient une protection efficace.

Car, n'en doutez pas, elles en auront besoin. Et elles auront besoin aussi qu'on les surveille, qu'on intervienne dans des cas d'indignité, car la pension que certaines femmes toucheraient pour leurs enfants ne doit pas leur servir à se soûler.

Le problème qui, en bien des cas, peut paraître simple se rend plus difficile à proportion qu'on l'étudie : mais, pour le résoudre, la première obligation c'est qu'on respecte les droits

de la famille ; et si une intervention est nécessaire ; il faut qu'elle soit le fait d'un groupement
présentant des conditions de moralité, de responsabilité et de solidarité, et non d'agents de l'État,
suspects à bon droit et indésirables *a priori.*

Écho de Paris, 5 juillet.

L'UNITÉ FRANÇAISE

Il est inutile de répondre à certaines plaisanteries : l'empereur Guillaume a flatté les islamites en parlant de la beauté de leur religion, de même qu'il a flatté les catholiques en témoignant au pape des égards qui contrastaient avec sa qualité de chef de la Triplice. Il voyait un bénéfice à tirer d'une attitude comme de l'autre, cela est de surface et de politique. Il faut une ignorance étrange ou une surprenante mauvaise foi pour nier le fanatisme évangélique de Guillaume II, son piétisme, ses invocations continuelles à « son ami Luther », ses stations nocturnes au château de Wartbourg et le cortège des apparitions qu'il y provoque.

Pour détourner les chiens, on affirme que l'empereur Guillaume II n'est d'aucune religion, parce qu'il est l'allié du sultan et le protecteur de quelques cardinaux. C'est là un raisonnement qu'on regrette de rencontrer sous une plume présumée sérieuse. On n'a jamais pensé qu'il pût subsister un lien entre les églises françaises et les églises allemandes de la confession d'Augsbourg. On n'a jamais soupçonné — encore moins accusé — les Français de la confession d'Augsbourg de recevoir, même en matière de foi, les inspirations de leurs coreligionnaires d'outre-Rhin, mais on n'en affirme pas moins que le roi de Prusse, chef suprême, évêque de l'église luthérienne évangélique en Prusse, en déclarant une guerre atroce à la civilisation occidentale, fille du catholicisme, a dirigé contre les monuments catholiques, contre les prêtres catholiques, contre les enfants catholiques, la furie de ses reîtres et de ses lansquenets.

Que s'il y eût confusion dans l'expression de ma pensée, et que les bons Français, Français confirmés, sans tare et sans tache, qui suivent la confession d'Augsbourg, en aient pris ombrage, je m'en excuse, mais vis-à-vis de ceux-là seuls.

Quant aux calvinistes, s'il en est qu'ait choqués l'emploi du mot générique *protestants* pour désigner la secte protestante que je visais, je m'excuse aussi vis-à-vis d'eux et bien davantage. Le mouvement qui les a portés, il y aura bientôt quatre siècles, à rejeter certains articles de la foi catholique, sa hiérarchie, diverses cérémonies et des pratiques nombreuses; qui a arrêté pour eux à cette date précise l'évolution mystique qui s'est poursuivie ailleurs, non sans troubler certaines âmes; ce mouvement rationaliste et scientifique n'a pas été produit par les ambitions, les intérêts ou les passions de certains princes allemands, mais par les troubles de la conscience et peut-être par d'obscurs retours à d'anciennes formules religieuses.

Aux réformés français, non seulement les conversions ne rapportèrent rien, mais elles leur coûtèrent leurs biens, leur liberté, leur vie même. Cela est tout. Dans leur pays, ils avaient des formes de penser différentes de celles de la majorité et surtout de celles des gouvernants, et comme ceux qui détiennent le pouvoir semblent presque constamment avoir pour idéal de contraindre les opposants à se ranger à leurs formules — de croire ou de ne pas croire, selon les temps — les réformés français subirent des persécutions qui déterminèrent nombre d'entre eux à changer de nationalité plutôt que de renier leur foi. L'idée de patrie n'était alors ni concrète, ni aiguë. Le patriotisme se confondait si bien avec le loyalisme que, à l'inverse de l'émigration des religionnaires pour cause de religion, l'on vit, un siècle plus tard, l'émigration des royalistes pour cause de royauté : les uns et les autres défendirent leur conviction par les armes ; il faut comprendre les uns pour juger les autres. Or, il peut paraître que, s'ils se trompaient, les uns comme les autres étaient de bonne foi et de bonne volonté.

Les réformés français ont fait leurs preuves aussi bien d'attachement à leur foi que de dévouement à leur pays. Ils n'y sont point une quantité négligeable. Sur les 560.000 environ qu'ils sont en France, ils forment, dans le Gard, la Lozère et l'Ardèche, un bloc de près de 200.000 fidèles. Leur élite, nombreuse et active, a tenu constamment, depuis un siècle, la tête des partis libéraux et s'est avancée souvent jusqu'au radicalisme ; elle a joué dans les finances un rôle prépondérant ; elle a prouvé un esprit juridique remarquable ; elle a fourni à l'administration des serviteurs intelligents, intègres, méthodiques et parfois d'esprit large. Elle fait chaque jour ses preuves de courage dans l'armée, et ceux qui, dans les hôpitaux, voient souffrir des blessés réformés savent qu'ils sont, entre les meilleurs malades, les plus courageux et les plus résistants. Les réformés français, ceux de la confession de La Rochelle, ceux qui, plus récemment, ont consigné leur confession dans la déclaration de foi votée par le Synode général du 20 juin 1872, sont si bien fondus avec l'ensemble de la population que la différence des cultes ne suscite même pas une curiosité. Chacun prie Dieu selon les formules de ses pères. Vienne un réveil religieux, tel que la produit cette guerre, ce ne sera pas une lutte confessionnelle qui en sera sortie, ce ne sera point une discussion surannée sur les dogmes ou les pratiques, c'est, dans l'exaltation des consciences, une communion entre les Français, quels que soient le culte qu'ils suivent et la religion qu'ils professent.

Excelsior, 6 juillet 1915.

UN EFFORT DE PLUS

Après onze mois d'efforts, de tâtonnements,
d'évolutions et de révolutions, le service sani-
taire, grâce à la coopération du pays tout entier,
grâce à un effort vraiment admirable des particuliers français et étrangers, est à présent, en
France, au point — ou à peu près. A coup sûr,
il conviendra, maintenant que sont créés les
organes, d'en tirer le meilleur rendement; de
fusionner les formations dont l'indépendance
est nuisible au bien du service; d'exiger de tous
ceux qui y figurent un engagement qui impose
la persévérance à leurs fantaisies et de le con-
firmer par une militarisation qui assurera leur
obéissance; il conviendra de vérifier si, dans
les éléments étrangers, aucun n'est suspect et
si, dans les français, la violation des règlements
et des arrêtés militaires ne constitue pas un petit

jeu renouvelé d'Aristophane : la fugue vers ce qu'on appelle le front, constituant pour les dames parentes ou amies d'amateurs automobilistes ou infirmiers le plus émouvant des passe-temps.

Il faut régulariser l'effort accompli, il faut multiplier le rendement du parc automobile, il faut maintenir la sévérité des consignes autour des automobilistes, les caserner, leur apprendre qu'il y a une discipline; car, autrement, l'on se réserve, pour les jours où on les emploiera, de fâcheuses surprises. Tout cela n'est qu'affaire de classification et de méthode et la bonne volonté d'un sous-secrétaire d'État y suffira. Mais on ne se bat pas qu'ici, et les Français blessés sur le front oriental connaissent des souffrances que sur le front occidental nos blessés n'ont point endurées.

Sans doute, au début de la campagne, des blessés sont arrivés dans les hôpitaux de la capitale, n'ayant pas été pansés depuis cinq jours; certains avec la gangrène, contre qui l'on était alors désarmé, d'autres avec le tétanos déclaré; mais c'était là le fait des péripéties des combats. Je connais un pauvre enfant qui, blessé à l'épaule, n'en continua pas moins à charger à la tête de sa section; une balle lui traversa la cuisse et le jeta à terre.

Durant trois jours et trois nuits, la lutte dura avec des alternatives d'avance et de recul. Il fût mort si un blessé allemand ne l'avait pansé. A la fin, les nôtres l'ayant emporté, il fut relevé et mis dans un wagon qui, en soixante-douze heures, atteignit une petite ville de Touraine. Il était jeune et sain. Il s'en tira — cette fois, hélas ! — mais combien ne s'en tirèrent pas ! Si regrettables que fussent les retards dans les transports — et combien explicables ! — il n'était donné à personne de hâter le moment où l'on pouvait ramasser les blessés. Impossible tant qu'on se battait ! Jadis, après un combat, une trêve s'établissait même tacitement, on ramassait les blessés, on enterrait les morts. En 1870, pourvu qu'on se présentât sans armes, en déployant le drapeau blanc à croix rouge, on avait grandes chances de ne point servir de cible, même aux Allemands. Il arrivait bien malheur à quelques chirurgiens, à quelques Frères de la Doctrine chrétienne, mais la Culture était encore dans l'enfance. La nation allemande, dont était encore l'Allemand qui sauva, en le pansant, le cher enfant dont j'évoquais le souvenir, était telle que seuls les souverains prussiens et les gentilshommes poméraniens y professaient le culte exclusif de la force.

Tout cela est changé. Depuis onze mois qu'on se bat, aucun communiqué n'a signalé qu'une trêve, même d'une heure, ait été conclue entre les combattants, fût-ce pour relever les blessés. Donc, ils ont beaucoup souffert ; ils sont morts en très grand nombre ; mais ni les ambulances du front, ni celles de l'arrière n'ont à porter de ce chef la moindre responsabilité.

Quand, après un voyage très pénible à coup sûr — car il avait fallu improviser les trains sanitaires comme tout le reste, et il est vraiment injuste qu'on méconnaisse les efforts faits dans ce sens — les blessés arrivaient dans un hôpital auxiliaire, ils trouvaient des salles aérées, des lits blancs, des matelas qui, s'ils étaient peu épais, étaient hygiéniques, des pansements propres, une nourriture appropriée et des soins intelligemment donnés, par un personnel qui, à Paris, était parfois si nombreux qu'on ne savait trop qu'en faire.

A présent, il s'est si bien raréfié qu'on sera fort embarrassé cet automne, mais, avec de la bonne volonté, on s'en tirera. D'ailleurs, il y a des engagements pris, il y a des listes dressées, et l'on doit penser qu'on ne reculerait pas plus devant la mobilisation des infirmières qu'on ne recule devant celle des soldats.

Il faudra y arriver si l'on ne trouve pas des volontaires, en nombre considérable, pour aller soigner à l'hôpital de Moudros.....

Voilà une belle occasion pour les dévouements oisifs, voilà un bel emploi pour les réserves des associations, voilà une belle croisade à prêcher pour les Pierre l'Hermite de la charité. Il faut improviser, à Moudros, des baraques, des installations de toute espèce; il faut qu'une équipe, deux, trois équipes d'infirmières se mettent en route; il faut qu'elles emportent un matériel et une lingerie suffisants pour douze à quinze cents blessés et malades constamment renouvelés, puisque Moudros est avant tout un hôpital d'évacuation. Il faut des provisions, il faut du lait concentré, il faut des légumes frais, il faut de l'eau, oui! de l'eau, car, dans cet hôpital, l'eau est si rare qu'on l'épargne; il faut des baignoires, car il n'y a par tente qu'une baignoire en toile remplie d'eau *de mer*, qu'on amène dans des tombereaux!.....

Lorsqu'il s'est agi de pourvoir au transport rapide des blessés, la générosité française, américaine, anglaise, argentine y a largement pourvu. Ici, c'est plus grave; ce n'est pas seulement de l'argent qu'il faut donner : il faut son temps, sa santé, sa vie; les femmes de France qu'a lasséos la station continuelle et sédentaire dans lo même hôpital et qui peuvent bien no pas mériter un prix de persévérance, en voudront un de courage et de dévouement. Et s'il faut, les Sœurs de charité retourneront occuper leurs postes de combat en cette Turquie dont Enver et les Allemands les ont chassées.

Le Gaulois, 13 juillet.

Cet article, dont la censure a coupé les parties essentielles, m'avait été inspiré par les lettres d'un ami, officier de vaisseau. Grâce à lui, grâce aux envois qui ont été faits par nos diverses œuvres, l'hôpital s'est trouvé ravitaillé, avant que la campagne menée ailleurs eût porté ses fruits.

LA QUESTION DU CHARBON

Il y a une question du charbon, une question dont la solution urgente ne dépend pas de nous, civils de seconde classe, mais qui touche au vif, non seulement les particuliers, négligeables, mais les blessés, que ces particuliers ont entrepris de soigner — par là, qui importe à la défense nationale.

D'ailleurs, on peut se demander s'il convient que les femmes, les enfants et même les vieillards — quelques vieillards — meurent de froid l'hiver prochain et si, dans un temps où l'on use si fortement des réquisitions, l'État n'est pas en droit de mettre la main sur le stock existant, de procurer, d'ici à la fin de l'automne, un approvisionnement intensif et de livrer au public, selon les besoins dont il justifiera, le combustible nécessaire.

Voici ce qui est à présent : les marchands de

charbon s'étant syndiqués, coalisés ou simplement entendus, ont lancé des prix courants identiques, où une certaine qualité est marquée
90 francs et une autre 105. Un administrateur,
quel qu'il soit, s'il est un peu prévoyant, doit se
dire : « Le moment est venu de faire une provision de charbon pour l'hiver. Si ce sont là les
prix d'été, ils sont médiocrement engageants,
mais on annonce une hausse. Mieux vaut payer
90 francs que 100, 110, 150 ! Allons-y ! Il a une
légère avance, quelques économies qu'il a réservées. Il sait par l'expérience de l'hiver dernier
ce qu'il devra brûler dans les calorifères à vapeur
pour que, dans l'immeuble où ils sont hospitalisés, les blessés et les malades aient chaud. Il
s'adresse donc aux marchands de charbon, et il
demande vingt, vingt-cinq, trente mille kilos,
payables comptant, après livraison en cave, sur
le pied de 90 francs les mille kilos.

Le premier qu'il voit lui répond : « Nous ne
livrons pas à domicile. » Bon ! Le second :
« Nous vous livrerons cinq cents kilos. Pour le
surplus, on suivra les cours au fur et à mesure
des livraisons. Nous ne prenons aucun engagement. » — « Mais votre prix courant ? » — « Notre
prix courant ne dit point les quantités que nous
pouvons livrer ; il annonce seulement le prix par

mille kilos. » — « Mais une telle annonce n'implique-t-elle pas que vous livrerez la quantité qu'on vous demandera ?... » Pas de réponse.

Assurément on nous a dit l'an dernier : « Du charbon ! Vous demandez du charbon ! Mais il y en a, on n'a qu'à se baisser pour en prendre ! Procurez-vous seulement des chevaux, un chariot, des chargeurs, un charretier et des porteurs ; moyennant quoi vous toucherez pour un prix très doux du charbon... qui vous reviendra à peu près deux fois plus cher qu'au marché.

C'était pourtant là un très louable effort de l'administration ; ce n'est point sa faute à elle si les hôpitaux temporaires qui vont commencer leur deuxième année d'exercice n'ont ni chevaux, ni chariots, ni chargeurs, ni charretiers, ni porteurs. Elle a amassé sur un quai de la Seine un splendide tas de charbon et elle a autorisé les gens à y puiser moyennant finance. C'était gentil, et que lui demander de plus ?

Ce n'est pas là une solution. Il y en aurait une qui serait très « union sacrée » et qui simplifierait tout : Si le gouvernement rendait leur liberté à un certain nombre des bateaux charbonniers qu'il a réquisitionnés et dont il ne se sert pas ; s'il poussait de tous ses moyens, au besoin par une réquisition de chemins de fer, l'approvisionnement complet de Paris ; dans le cas où les marchands de charbon continueraient la hausse et refuseraient de vendre au public les quantités demandées, s'il exerçait le droit de réquisition qui lui appartient pour vendre ou faire vendre à un prix normal, qui aurait à y redire?

Il n'est point contestable que quantité de motifs produisent la hausse : la hausse effective n'a rien à voir avec la hausse factice, et nul ne peut penser que le déficit dans le charbon à consommer soit tel qu'il puisse devenir un danger public, un danger presque égal à celui de la disette de grain. S'il est possible dans la plupart des maisons particulières d'envisager que le bois suppléera le charbon, on ne peut, dans les immeubles modernes, chauffer sans charbon les grandes surfaces, aménagées le plus souvent sans cheminées. Il faut donc aviser, mais faut-il aviser comme a fait à Paris le Conseil municipal? Il vient de voter 40 millions pour constituer un stock de charbon « en vue de remédier en partie à la pénurie de combustible qu'on redoute pour l'hiver ». Le résultat de ce vote local sera une hausse déterminée par les achats. Ce n'est pas en établissant une concurrence d'une ville vis-à-vis des acheteurs particuliers qu'on amènera la baisse; on ne fera que rendre plus difficile l'approvisionnement des citoyens ; ce ne sont pas des règlements urbains, même mieux conçus que celui-ci, qui amèneront la baisse, c'est une action gouvernementale — réquisition et fixation des cours — et peut-être une autre action, judiciaire celle-là, s'il est prouvé qu'il y a accaparement.

Excelsior, 13 juillet.

LA DÉFENSE DES VEUVES

L'œuvre de défense des veuves de la guerre, l'œuvre de protection et d'assistance apparaît chaque jour plus nécessaire. On sait qu'elles sont jeunes, faibles, inexpérimentées. Des agences se forment pour exploiter leur misère, leur acheter à un prix de famine des droits dont elles ignorent la valeur et l'étendue, leur prendre leurs derniers sous en leur annonçant les placements les plus avantageux. On exploite ce qui est le plus sacré pour elles : le nom, l'honneur, la gloire de leurs maris, en leur promettant des notices signées de noms illustres dans des Livres d'or imaginaires, dans des publications dont les bulletins de souscription sont combinés avec une telle astuce que, se croyant uniquement engagé à prendre le volume qui l'intéresse, le souscripteur se trouve avoir à payer la suite des volumes qu'il plaira à un éditeur mystérieux et anonyme de publier.

Encore, dira-t-on, cela n'atteint que celles qui ont quelque argent et qui sont assez sottes pour le donner. Eh! comment résister au bagout d'intermédiaires aux rosettes multicolores, qui s'introduisent par les fentes de la porte, annoncent l'intérêt qu'ils professent pour le héros mort, la volonté où ils sont de consacrer sa gloire, d'éterniser ses traits, grâce à des procédés dont ils ont seuls le secret; qui mêlent l'oraison funèbre au boniment de parade, et qui, au bon moment, quand on pleure et qu'on n'est plus à soi, sortent un bulletin et un stylo? L'affaire est en poche, passons à une autre.

Et pour répondre aux réclamations, les signatures illisibles, les notes comminatoires en caractères microscopiques, l'étalage des noms, décorations, titres et qualités des faiseurs, et la série des intimidations. Dites, comment oser suivre l'affaire, se plaindre à *Qui de droit*? Qui de droit s'en soucierait-il ou ne dirait-il pas : « Vous êtes volée. C'est bon. Vous n'aviez qu'à mieux vous garder ».

Qui de droit, ce Qui de droit auquel on a affaire pour les demandes, les plaintes, les réclamations de tous les ordres, n'est pas toujours d'une politesse raffinée — ni même élémentaire. Sans doute se rencontre-t-il parmi les jeunes femmes des questionneuses qui ne sont au courant ni des lois, ni des règlements, mais Qui de droit n'est-il pas payé pour renseigner ? En ces temps-ci, Qui de droit, lorsqu'il n'est ni un impotent avéré, ni un vieillard, ne doit d'être où il est qu'à une faveur qui devrait le rendre modeste, et qui, tout au contraire, l'enorgueillit au point qu'il se rend parfois insupportable.

Voici, entre nombre d'autres, un cas qui paraît typique. Il arrive tout droit d'une ville de l'Ouest, où la municipalité n'était point tendre pour les militaires. L'on sait qu'au point de vue de l'impôt, les officiers de troupe jouissent du dégrèvement d'une partie de l'impôt personnel-mobilier, selon leur grade. Or, cette année, dans la ville en question, les femmes dont les maris officiers sont au front et les veuves d'officiers ont été taxées sur la totalité du loyer. Deux d'entre elles sont allées exposer leur cas à l'employé municipal chargé de ce service, et, avec la première, ce dialogue s'engagea, qu'on me garantit textuel :

— Madame, que fait votre mari?

— Officier.

— Pourquoi a-t-il quitté la ville au mois d'août ?

La femme reste muette : elle ne peut vraiment

enseigner à cet employé l'histoire de France depuis onze mois, à partir de la mobilisation, et elle n'en sait rien d'ailleurs — pas plus que vous et moi.

Et l'employé passe à l'autre réclamante, qui lui tend ses papiers.

— Et vous, madame? Oh! permettez, vous êtes veuve. De quoi vous plaignez-vous?

— Mais, monsieur, l'an passé, je payais 50 francs d'impôts; cette année, parce que mon mari a été tué, on m'en réclame 230.

— En effet, mais, si vous trouvez que c'est trop, déménagez. Évidemment, vous avez un loyer au-dessus de vos moyens. Suivez mon conseil, l'an prochain, déménagez. D'ailleurs, vous n'êtes pas à plaindre, vous aurez une pension?

Et pour dire ces jolies choses, l'employé municipal a pris un air goguenard et réjoui.

Il faut pourtant supposer qu'on réservera peut-être quelques bureaux de tabac pour les veuves de la guerre, pour celles qui, sans aucun moyen personnel, ont des charges de famille et des enfants à élever. De quel ton inquiet elles disent : « J'ai fait une demande pour un bureau de tabac. Vous qui connaissez du monde, est-ce que vous ne pourriez pas m'appuyer? »

Hélas! leur dis-je, j'ai fait l'expérience de ce que pèse en matière de bureau de tabac l'autorité d'un des hommes les plus considérables du temps présent, cinq, six fois ministre, qui, en une certaine circonstance, avant la guerre, voulut bien m'apporter son concours, y mit tout son cœur, sinon toute sa volonté, multiplia les lettres et les démarches personnelles et n'obtint rien; cette histoire est instructive et elle mériterait d'être contée, mais ce récit n'arriverait vraisemblablement pas jusqu'au public. Qu'il suffise d'indiquer à celles qui sollicitent des bureaux de tabac que leur sort dépend d'une commission qui ne saurait manquer de leur offrir toute espèce de garanties, car elle est composée uniquement, ou presque, de parlementaires. Elles n'ont donc pas de temps à perdre pour envoyer leur demande. On la classera et il faut espérer qu'on leur donnera satisfaction au fur et à mesure des vacances.

Cela peut durer longtemps, mais elles sont jeunes.

Qu'elles ne se tournent pas trop de ce côté, les pauvres! Qu'elles pensent plutôt à s'aider elles-mêmes, à considérer leurs aptitudes, à en chercher l'emploi. Près de notre Mutuelle des veuves, nous avons un comité judiciaire pour les éclairer sur leurs droits ; nous ayons un comité d'éducation. Tout cela est à leur disposition. Voici que la première en France une lampe s'allume à Nantes, un phare autour duquel se grouperont les veuves bretonnes, sous la présidence de l'amiral de La Jaille, du général Mercier et de la comtesse de Lagrange. L'exemple vient de la terre de l'Hermine sans tache. Bonne chance souhaitons-nous à la Mutuelle de Nantes, et qu'elle fasse beaucoup de bien. Et que le Berry, la Lorraine, la Normandie, la Champagne se hâtent de suivre la Bretagne !

Écho de Paris, 19 juillet.

DES DARDANELLES EN FRANCE

Ce qu'on a écrit des besoins des blessés et des typhiques aux Dardanelles a déterminé nombre d'infirmières à s'inscrire pour réclamer ce poste d'honneur. Seront-elles assez heureuses pour qu'on accepte leur sacrifice? Cela n'est pas sûr. Plusieurs se plaignent d'avoir été assez mal reçues ; on leur a dit qu'on n'avait nul besoin d'elles. Il paraît que, malgré le nombre considérable de femmes employées *réellement* à soigner dans les hôpitaux de France, et le nombre plus considérable encore de celles qui figurent sur le papier, on n'a aucun besoin d'un personnel supplémentaire. De Moudros on demandait qu'on doublât cent trente infirmiers en service ; on s'apprête à envoyer quinze infirmières ; quelqu'un m'a dit encore un chiffre moindre. Cela suffira amplement, paraît-il. Nul ne met en doute leur dévouement et leur abnégation. Elles sont pareilles, avec plus d'autorité et de connaissances, à celles qui sollicitent de donner leur temps et, au besoin, leur vie ; mais tout de même faut-il penser que les forces humaines ont des limites et que si les infirmières devaient débarquer du bateau qu'on équipe, chacune aurait à s'occuper de quatre-vingts patients parmi lesquels les typhiques ne seraient pas les moins absorbants.

Et, à propos des typhiques, un mot.

Après les communications qui ont été faites à l'assemblée générale de l'Institut par les représentants unanimes de la science médicale française, et qui ont déterminé l'attribution du grand prix Osiris aux professeurs Chantemesse et Widal et au docteur Vincent, l'efficacité du sérum antityphoïdique est aujourd'hui démontrée, qu'il soit préparé par l'une ou par l'autre des méthodes. Or, il y a aux Dardanelles un nombre de typhiques plus élevé, par comparaison, que dans les formations hospitalières de France, et en France même il se trouve encore des typhiques en telle quantité que certaines personnes de bonne foi ont pu soutenir encore que la vaccination était inefficace.

Des médecins employés dans des hôpitaux militaires, frappés de la fréquence des cas observés chez des hommes dont le livret portait qu'ils avaient subi trois vaccinations au moins, eussent été tentés d'en tirer des conclusions défavorables, s'ils ne s'étaient avisés que les inscriptions au livret ne sont pas toujours parole d'Évangile. Ils procédèrent personnellement près des malades à une enquête qui, menée avec bonne humeur, leur apprit que, dans les neuf dixièmes des cas, le patient avait trouvé moyen de « couper » à une ou à deux piqûres.

Il faut espérer que nul ne sera envoyé là-bas, soldat ou marin, qui n'ait effectivement été vacciné, qui n'ait été prévenu des risques qu'il courrait inutilement et oiseusement ; de même que l'on n'agréera pour aller soigner là-bas que des infirmières vaccinées ; car déjà les conditions où elles se trouveront sont tout à fait insolites. Celles-là seules qui ont soigné au Maroc (et dont plusieurs attendent encore une médaille qu'elles y ont si bien gagnée) connaissent par expérience la terrible chaleur et le péril des mouches, dont « les nuées ne laissent pas un instant de répit aux malades ». Encore, au Maroc, on avait du linge, on avait des pansements ; on avait des baignoires ; on avait tout ce qu'il fallait, et même raffinait-on.

On n'en est point à raffiner aux Dardanelles.

On assure qu'un bateau va prochainement partir pour la mer Egée : un bateau des Messageries, et l'on parle de trois cents lits qui y seraient
installés. Il faut espérer que les voyages de ce
navire seront rapides et qu'ils porteront les blessés vers la France et non vers Alexandrie où,
dans certains locaux, on cote déjà 44 degrés ;
non vers les villes d'Afrique « où les gens valides évitent de se rendre en été » et où la présence des blessés produirait un effet certain —
et déplorable. Après un effort tel que celui qu'ils
ont fourni, les blessés du front oriental ont
besoin d'un repos qu'ils ne peuvent trouver que
dans la mère-patrie; il ne manque point d'hôpitaux pour les recevoir, d'infirmières pour les
soigner, de lits pour les coucher, de cœurs pour
les aimer.

Excelsior, 20 juillet.

LES PRUNES

Alphonse Daudet a chanté les prunes :

> Si vous voulez savoir comment
> Nous nous aimâmes pour des prunes,
> Je vous le dirai doucement,...

Cela est vieux et démodé ; c'est du temps où l'on faisait des vers qui rimaient, sonnaient et plaisaient ; du temps où l'on avait une cousine, où l'on mordait à belles dents à la prune qu'elle avait entamée. Qui donc sait à présent exprimer en vers agréables et clairs, avec un jeu des mots ingénieux et savans, de jolies sensations, teintées d'amour, de grâce et de mélancolie ? Je ne dis point qu'il n'y ait plus de cousine — bien que ce soit terriblement démodé d'aimer chastement une petite fille de son âge, sans oser le lui dire, avec un vague espoir qu'un jour de soleil, elle laissera voir qu'elle n'est point indifférente ;

— mais ce qui certes ne se fait plus c'est de manger des prunes, on les brûle.

Allez dans le verger et regardez comme les prunes sont jolies : vertes et roses, jaunes d'or ou violettes, elles allèchent par leur couleur avant d'allécher par leur parfum. Elles seront mûres demain. Demain, les blondes, les rousses et les brunes seront brutalement jetées dans un tonneau. Pour remplir ce tonneau, on ajoutera aux jolies prunes tous les fruits pourris, les fruits verts, les fruits avariés, poires et pommes, pêches et raisins, tout ce qui mûrit ou ne mûrit point, le joli fruit de France. D'année en année, au nord de Paris, le fruit devient plus rare, il mûrit moins bien ; là où l'on était en plein pays vignoble, d'après le cadastre, vieux de moins d'un siècle (car commencé en 1808 il ne fut terminé qu'en 1845), il ne reste plus à présent un cep de vigne portant récolte. Ces jolis vins roses, frais à la bouche, un peu piquants, tout à fait vins d'été, ont peu à peu disparu. Ils sont devenus aigres et durs, tels que, disaient nos gens, « il fallait se tenir à la table pour les boire ». On a dû renoncer ; d'ailleurs, le raisin ne mûrissait plus. A peine si, en espalier, il arrive à tourner, et c'est du raisin de table qu'on soigne à part, qu'on fume, qu'on découvre des feuilles qui lui enlèveraient du soleil.

A cause de cela, ou pour ne rien perdre du fruit qu'il faut jeter, lorsqu'il vient par hasard en abondance ; pour remplacer le vin absent par une boisson alcoolique qui donne un coup de fouet à là fatigue ; tout bonnement parce qu'on trouve agréable le goût de cette eau-de-vie de fruits où la prune domine, on s'est mis à brûler. Des individus avisés se sont munis d'un alambic, ils ont acheté une licence, et ils vont de ferme en ferme, de maison en maison ; ils s'installent dans une cour, souvent même dans la rue, et ils fabriquent du poison.

Ce poison ne paie pas de droits : il est réservé, comme nul n'a le droit de l'ignorer, « à la consommation familiale ».

Cela va loin, la consommation familiale : cela comprend tous les ouvriers au mois ou à la journée ; en temps de moisson on donne au moissonneur un litre à emporter et son content quand il vient souper. Plus il boit, moins il mange. Les ouvriers à demeure reçoivent moins, mais quand le patron paie une tournée, c'est à grand verre plein. Ceci est la politesse : bien peu refusent, ce serait une injure. Dans la maison, tout le monde y goûte : le patron (j'en ai connu qui prenaient un litre avant d'aller aux champs), la

femme, les enfants, les servantes s'il y en a.
Cela fait une sorte de boisson liquoreuse et fade,
sans agrément notable pour les palais, mais,
tout de suite après, brûlante à faire crier. Il
paraît que c'est là le prestige.

A l'analyse, pire que tous les alcools, même
l'alcool de pommes de terre ; cela renferme, me
dit un savant éminent, le plus perfide des poi-
sons. Cela ne fait point que les autres alcools
des brûleurs soient recommandables ; mais, en
Normandie, il y a, au moins, pour la fabrication
du *calvados* une tradition ancienne, des pratiques
minutieuses, et lorsqu'il a été bien rectifié, l'alcool de pommes n'est point indifférent. Nos
pères en buvaient un petit verre et ne s'en trouvaient pas plus mal. Ce qui est déplorable, c'est
la mauvaise fabrication et c'est l'abus.

Mais comment y remédier ? Il est défendu aux
débitants, dans l'étendue du gouvernement de
Paris, de vendre de l'alcool aux soldats, et il est
défendu aux soldats d'acheter de l'alcool. Mais
s'il plaît à un habitant d'inviter un soldat à boire
un verre de sa récolte, y a-t-il un arrêté qui l'en
empêche ? Ça, c'est la consommation familiale
au premier chef, et le bouilleur est en règle avec
la loi : il a le droit de distiller des vins, cidres,
poirés, marcs, lies, cerises et prunes provenant

de sa récolte, et tout ce qu'on a fait pour restreindre son droit est demeuré inopérant. Une
telle réforme ne peut être faite par un Parlement,
où la non-réélection plane sur les têtes les plus
illustres comme sur les plus humbles ; les bouilleurs tiennent leur bulletin suspendu sur les Da-
moclès parlementaires, qui tremblent et votent.

Il faut pourtant en finir : s'il est prouvé que,
en fermant le cabaret où le soldat doit payer
l'alcool qu'il boit, on ouvre cent maisons où le
soldat trouve gratis, ou à peu près, un alcool
pire que le premier, plus nocif, plus corrosif,
qu'aura-t-on gagné ?

Voici le temps venu de la récolte des prunes,
le temps où les amoureuses d'autrefois faisaient
à la prune, de leurs quenottes blanches, « un
point de dentelle », comme dit Daudet ; voici le
temps venu où l'on emplit les tonneaux pour
faire fermenter le fruit. Laissera-t-on le poison
se préparer cette année, laissera-t-on venir le
loueur d'alambics, laissera-t-on s'accomplir l'assassinat des générations nouvelles ?

Le cabaretier verse le poison ; l'autre le donne.
Le cabaretier a des clients, mais il aspire à être
leur ami : *L'Ami Jules, l'Ami Edmond* — voyez
les enseignes dans les faubourgs ; mais il fait
payer. Le bouilleur, lui, ne réclame rien. Il a le

cœur sur une main et le verre dans l'autre. « Entre donc, dit-il, on va prendre un verre — deux — trois. » Il n'a pas d'intérêt, lui, à ce qu'on boive ; mais c'est la politesse à la française, générosité, bon garçonnisme.

— Et il tue.

Le Gaulois, 27 juillet.

TABLE

ŒUVRES DE GUERRE
1914-1916

ÉVREUX, IMPRIMERIE CH. HÉRISSEY

www.ingramcontent.com/pod-product-compliance
Ingram Content Group UK Ltd.
Pitfield, Milton Keynes, MK11 3LW, UK
UKHW020727120726
13693UKWH00001B/202